JN065292

変革

コロナ禍で加速する
学びの潮流

大前　研一
ビジネス・ブレークスルー出版事務局
編著

ビジネス・ブレークスルー出版

はじめに

　世界を一変させたコロナ禍の中、次のようなタイトルの記事が私の目に留まりました。

「滞る遠隔授業、対面頼み　端末配布 5 割以下の自治体も」
（1 月調査　2021 年 2 月 7 日　日本経済新聞
https://www.nikkei.com/article/DGXZQODG059AE0V00C21A2000000/ より）

　その記事では、コロナ禍において小中高校などへの休校時の備えとなるオンライン学習用端末の環境整備が停滞している状況や、複数の自治体にオンライン授業の課題を聞いたところ、半数以上が「教員のICT リテラシーの向上」など教員のスキルを挙げ、先進国で最下位レベルの教員の ICT 活用力も課題である点や、対面で着実に授業時数を消化したかを重視する「履修主義」をとる日本に対し、世界では学習内容が身についたかで進級を判断する「修得主義」が一般的だと指摘し、対面頼みを抜け出せない日本に対し、海外各国は遠隔学習で学びを止めない仕組みを整えてきたと、英国や米ニューヨーク市の事例も紹介し、平時の考えが、新型コロナ禍で求められる遠隔を用いた柔軟な授業計画づくりの足かせとなったことは否めない、と述べています。

　2013 年には、アオバジャパン・インターナショナルスクールの経営にも参画することで、幼少期からシニアまで、自ら考え、生き抜くための三世代に渡る教育プログラムを提供するビジネス・ブレークスルー（BBT）を経営する教育者でもある大前研一は、この「変革」というタイトルの書籍の中で次のように述べています。

　「ビジネス・ブレークスルーは 1998 年の設立当初からインターネットを使って、世界に散らばる日本企業の経営幹部、スタッフのトレーニングを手掛けてきました。そして、小泉改革の追い風を受けて 2005 年に大学院を、10 年に大学を正式に認可してもらい、経営の研修カリキュラムを提供できるようになった。　今回のコロナ禍で、大学がリモート教育で苦労していますが、もともとオールサイバーで始めたわれわれは何の影響も受けていません。むろんリモート授業に慣れていますし、1 万時間以上のコンテンツを作ってきている。そもそも、22 年前からリカレント教育のために学校をつくってきたんですから。

（分かっていても変えられない日本の雇用制度,教育の深刻　週刊ダイヤモンド　2020/9/26より）」

　「現在の日本は親も学校も、それから政治の世界も官僚も、誰も国家の将来に危機感を持ってない。むしろ国は国民に、親は子供に、危機感を植えつけないようにしている。平成の 30 年間において、OECD の中で日本だけがこんなに衰退し、GDP も給料も伸びていないのに、誰も危機感を持たないのは異常ですよ。　「この国はだめで、このままだと食い詰めて路頭に迷う」という、国家や自分の将来に対する危機感を持っていたときの日本は強かったんです。そして教育だけが、この状況を唯一変えられるんです。」

（教育新聞・2020/3/13 ＜株式会社教育新聞社＞ https://www.kyobun.co.jp/close-up/cu20200313/ より）

　今回で第 14 弾となる会員制月刊情報誌「大前研一通信」特別保存版のこの書籍の第 1 章では、世界的に伝播した新型コロナウイルスは、デジタル化を一層加速させ、日本ではコロナ禍で様々な行政や教育の問題点が露呈する中、その問題点の本質を指摘し、変革すべき姿を論じた「新・大前研一レポート（講談社）」の緊急復刊版（マスターピース）新章の記事に、手厚い失業給付から就労促進、労働市場の柔軟化へと、労働政策を大転換したドイツのシュレーダー改革と比較して、分かっていても変えることが出来ない日本の雇用制度と教育の深刻な

問題や、新政権が最優先で取り組むべき課題の一つである社会人の学び直し（リカレント教育）に言及した記事をはじめ、【大前流 教育改革案】として、変革すべき日本の教育に関してのメッセージを紹介し、2章では、世界最大の国際カリキュラム・評価開発機関である、ケンブリッジ大学国際教育機構（Cambridge International）に関しての紹介や、起業に関する有用なメッセージに加え、グローバルコミュニケーション力を身に付けるトレーニングや、時事・ビジネスの問題について英語で意見を述べる学びのコースの紹介を、続く第3章では、世界各国でそのプログラムが導入され国内でもその導入を政府が推進する「国際バカロレア（IB）教育」の国内推進体制の整備事業に関連して行われたシンポジウムや地域セミナーでの講演録に加え、IB導入体験談も掲載するなど、専門家による記事も含め、コロナ禍で加速する学びの潮流の様々なメッセージをご紹介しています。

　本書を「読んで」、書籍でご紹介しているエアキャンパス（AC）などの関連映像を「見て」頂ければ、よりコロナ禍で加速する学びの潮流を感じて頂けることでしょう。

　そして、引き続き大前研一のメッセージ（大前研一通信）を受け取りたい方や、With コロナ・After コロナ時代における「変革」の必要性に関心を持って頂いた皆さんには、是非、BBTの門を叩き、その行動を起こして頂ければ幸いです。

　　　2021 年 2 月吉日
　　　　　大前研一通信／アオバジャパン・インターナショナルスクール　小林　豊司

||||||||||||||||||||||||||||||||||||||||||||||||||||||||||||||||||||||||||||||||||||||||||||||

目次

‖‖‖

第2章：変革（コロナ禍で加速する国際教育と学び） *63*

||||||||||||||||||||||||||||||||||||||||||||||||||||||||||||||||||||||||||||||

‖‖

第1章：変革すべき 日本の問題 （行政・教育）

［1］コロナ禍で露呈した行政の問題とあるべき姿

緊急復刊版 新 大前研一レポート新章

（2020 年 6 月講演より収録）

◎コロナ禍で露呈した日本行政の問題

2020 年、新型コロナウイルスの世界的な感染拡大という非常時の中、国や地方自治体はその対策に追われる状況が続いています。行政による一つ一つの判断が、国民の生命や健康、経済の危機に直結するという非常に重要な局面に立たされているといえるでしょう。

この章では、これまでの日本の行政の対応を振り返り、今何が問題となっているのか、その原因はどこにあるのかを明らかにしていきます。これからの日本の行政のあり方を考える糸口としてとらえていただきたいと考えています。

◎日本の新型コロナウイルス対策は何が良くなかったのか

日本の国民が政府をあまり信用していないことを示すデータがあります。自国の新型コロナウイルス対策について、国民がどう評価をしているかを調査した結果、日本では「うまく対処していると思う」と答えた人数の割合は、全体の 23％に過ぎませんでした（「コロナウイルスに関する国際世論調査」30 カ国グローバル調査日本リサーチセンター / ギャラップ・インターナショナル・アソシエーション）。調査対象の 29 カ国の平均では 61％の国民が自国の対策を評価していま

すので、各国に比べて群を抜いて低いということがわかります。

一方で新型コロナウイルスに関して、日本の感染者数や死者数の人口における割合は、世界的に見てとても低く抑えられています。にもかかわらず、政府を信用できない国民がこれだけ多いのはなぜなのでしょうか。

新型コロナウイルスに対して国や地方自治体が実施した対策のうち「良かったもの」「良くなかったもの」を調査した結果もあります（「国や地方自治体が行った新型コロナウイルスの対応」ゼネラルリサーチ株式会社）。

新型コロナウイルスに関する国や地方自治体の対応への評価	
■ 良かったと思うものは？	
・各種イベントの自粛、延期の推奨	27.7%
・緊急事態宣言	22.5%
・学校や商業施設の運営自粛の要請	11.9%
・時差出勤やテレワークの推奨	11.3%
■ 良くなかったと思うものは？	
・全世帯にマスクの配布	47.0%
・事業者や収入が減った世帯へ現金による保証・給付	15.6%
・緊急事態宣言	10.6%
・時差出勤やテレワークの推奨	5.0%

調査対象：全国10代〜60代の男女
調査人数：1,007人
調査方法：インターネット調査
調査期間：2020/4/16〜4/17
（出所）ゼネラルリサーチ株式会社

良くなかったと思われているものには「マスク配布」「現金給付」「緊急事態宣言」「時差出勤、テレワークの推奨」などが挙げられています。これらを見ることで日本の行政がいかにアナログに留まっているかがわかります。一つずつ整理しておきましょう。

1. 全世帯へのマスク配布

「良くなかった」と評価されている最たるものが「アベノマスク」と呼ばれる全世帯へのマスク配布です。その配送は大幅に遅れ、ちょうど必要なくなったころにやっと届きました。そして２０２０年６月現在、まだ半数の世帯には届いていません。

ここからわかるのが、国がマスク一つでさえ国民一人一人に届ける手立てを持っていないということです。国と国民の世帯一つ一つをつ

なぐ「データ」が整理できていないのです。最終的に配送は、全世帯に配送するシステムを持っている日本郵便株式会社に頼んだのですが、企業と個人が識別できていないため、130 人の社員がいる私のオフィスにも二つのマスクを届けてくれるといった状況です。

2. PCR 検査による混乱

次に挙げられるのが、PCR 検査における大混乱です。世界でも稀に見る PCR 検査数の少なさが、日本で検知されている感染者数が少ない理由ではないかという説もありますが、その関係性は明らかにはされていません。

PCR 検査については、行政が混乱した結果、国民がたらい回しにされ続けた話が多く聞かれました。その背後にもアナログ文化の災いが見えています。保健所と病院が縦割りで管理されており、横断的に連携できるシステムが整備されていないのです。その結果、医師が手書きの検査結果を作成し、ＦＡＸで保健所へ送って処理するといった非効率な方法が多発しています。

3. 現金 10 万円配布とマイナンバーカード

続いて現金 10 万円配布における混乱が挙げられます。オンライン申請であれば窓口に並ぶ必要はなかったのですが、申請にはマイナンバーカードが必要とされました。しかし、2020 年 3 月時点でマイナンバーカードを所有していた人は 16％に過ぎません。使い勝手の悪さと安全面に対する不信から、ほとんど普及していなかったのです。その結果、役所で新たにマイナンバーカードの発行を申請するために 6 時間待ちということもあったそうです。

また、マイナンバーカードのパスワードは 5 年で失効するということを、みなさんはご存知でしたでしょうか。このためカードを所有し

ていた人も、パスワード更新のために窓口に並ばなくてはならず、さらなる混乱につながりました。

　その他にも、オンライン申請をした人にも郵送で申請書類が届き、二重に申請できてしまうといった事態もありました。マイナンバーカードによる管理と、住民基本台帳による管理が連携できていなかったのです。二重申請されていないかの確認作業のために、役所ではアルバイトを雇って目視による読み合わせを行いました。

　これらから顕著になったのは、行政のデジタル化があまりにも遅れているということです。そして、国民と政府が電子的にほぼつながることができていないという課題も見えてきました。これが日本の行政の問題なのです。

◎ 21世紀に乗り遅れた日本の行政のデジタル化の遅れ

　スイスに拠点を持つビジネススクール、IMD（国際経営開発研究所）による「世界デジタル競争力ランキング（2019年）」において、総合的なデジタル化について各国を評価した結果、日本は63カ国中23位に位置しています。先進国の中ではかなり低い順位だといえるでしょう。

　このランキングは、行政やビジネスにおいて、デジタル化がどれくらい積極的に取り入れられているかを分析し、評価したものです。この結果からも、新

各国のコロナ対策でのIT活用状況

国・地域	内容
アメリカ	グーグルが一部の州の給付金業務を支援
韓国	位置情報やクレジットカード使用履歴から感染経路を特定
台湾	薬局のマスク在庫を地図で公開
イスラエル	インフルエンザ患者の過去データをもとに、合併症リスクをAIで判定
ドイツ	集中治療室の病院別空床率をネット公開
中国	移動履歴や健康情報をQRコードで管理
日本	給付金申請や接触確認アプリ導入出遅れ
フランス	感染者を医師らが遠隔監視、重症度を分類
イタリア	官民共催コンテストで音声データを使う診断技術を採用
インド	追跡アプリに外出許可証などを追加、利用を義務付け

（出所）日本経済新聞社「日本経済新聞 2020/6/6」

型コロナ対策に限らず、日本のデジタル化の遅れが見て取れます。

◎新型コロナウイルス対策における IT 活用の遅れ

　新型コロナウイルス対策に関して、各国の IT 活用状況を振り返ると、実に様々な対策がとられていました（図「各国のコロナ対策での IT 活用状況」）。

　アメリカでは、グーグルが保持していたデータを活用して一部の州の給付金業務を支援しています。韓国では、スマートフォンの位置情報とクレジットカード情報が住民登録データと紐づいていて、感染者が確認された場合はその人の行動記録から感染経路と濃厚接触者を特定することができます。

　その他の国も、AI やアプリ、データベースなどを有効活用することで、感染経路や集中治療室の空き情報の把握など、感染抑制や治療の迅速化に役立てています。

　日本の場合は諸外国のような IT 活用はあまり進められていません。接触確認アプリの導入が検討されていますが、システムが予定通り機能せず、他国と比べるとかなり遅れてしまったのが現状です。

◎日本のデジタル化の遅れを象徴するハンコ文化

　今回のコロナ禍において、感染抑制のために出社を制限し、テレワークを導入した企業が多く見られました。しかし、完全なテレワークへの移行にはまだまだ難しい面もあるようです。その理由の一つが、契約書などの書類のやり取りに、押印や捺印というアナログの作業が必要とされていることです。

　現在、印章を公的な書類に使用しているのは日本だけです。しかも、役所の書類で押印を必要とするものは 2000 種類もあるという調査も

あります。アメリカにはそもそも印章文化はないですし、その他の国でもサインでの手続きが主流となっています。テレワークの普及がうまくいっているとはいえない現状には、こういった日本のデジタル競争力の低さが関係しているのではないかと考えられます。

オンラインで完結できた行政手続きの件数

(件数)

	手続き	うちオンライン完結
国土交通省	10,628	297 (2.8%)
厚生労働省	9,240	1,043 (11.3%)
経済産業省	6,666	519 (7.8%)
財務省	5,645	1,358 (24.1%)
総務省	4,858	388 (8.0%)
農林水産省	4,764	60 (1.3%)
金融庁	4,158	168 (4.0%)
国家公安委員会・警察庁	1,675	76 (4.5%)
法務省	1,067	34 (3.2%)
政府全体	55,765	4,164 (7.5%)

(出所) 日本経済新聞社「日本経済新聞 2020/6/18」

この書類や印章による手続きが特に多く求められるのが、日本の行政手続きです。2020年6月18日の日本経済新聞によると、国の行政手続きのうち、オンラインで完結できるものは全体の7.5%にとどまっています。ほとんどの省庁で、オンライン化率が10%以下なのです（図「オンラインで完結できた行政手続きの件数」）。

日本では国の行政手続きのオンライン化に関して、1998年から2000年にかけて「IT戦略」というものが打ち出されていました。日本を世界最先端のIT国家とすることを目指すといった主旨のものです。この「IT戦略」では、2003年までにすべての手続きをオンライン化することを目標としていましたが、2020年現在、オンライン化できたものは全体の「7.5%」に過ぎないという結果なのです。

◎日本の行政が抱える問題の本質は、「国民と政府のつながり」と「行政のデジタル化」

ここまで見てきたコロナ禍における日本の行政の問題を整理する

と、次の2点に分けることができます。

  1. 国民一人一人が政府とつながっていない
  2. 行政システムのデジタル化の遅れ

1. 国民一人一人が政府とつながっていない

　日本においては、われわれ国民一人一人（個人）と政府はほとんどつながりがないといえます。

　日本は国民一人一人の情報を戸籍と住民票で管理していますが、実は日本国憲法において、戸籍、家、世帯というものは明確に定義されていません。なぜかというと、日本国憲法は、フランス革命、アメリカ独立宣言、アメリカの憲法に基づいて書かれたという背景があるため、個人と国との契約については細かく綴られていますが、戸籍や家、世帯というものは念頭に置かれていないのです。

　戸籍というのは、法務省によると「人生の出生から死亡に至るまでの親族関係を登録、公証する、日本国民について編成され、日本国籍をも公証する唯一の制度」（法務省ホームページ）とされていますが、これだけでは何のことなのかよく理解できず、定義としては曖昧です。ちなみに戸籍には本籍が記載されますが、これは出生地や現住所と関係なく国内どこでも良いとされています。富士山山頂や皇居などを本籍にしたがる人がいるのもこのためです。

　次に世帯についてですが、こちらも明確に定義はされていません。厚生労働省によると「住居及び生計をともにする者の集まり。または独立して住居を維持し、もしくは独立して生計を営む単身者」（厚生労働省ホームページ）とされていることから、親子や兄弟姉妹だけではなく、親戚や他人であっても生計をともにしていれば「世帯」ということになります。今回の10万円給付にあたって、慌てて世帯を分けた

という人も多いようです。

これらのことからも、われわれ国民一人一人のデータは、戸籍や世帯という枠組みの中に位置付けられてはいますが、実はそれらの枠組みは政府によって定義付けされたものではないということがいえます。すべての国民の情報を一元化して管理しようにも、基となる考え方が曖昧であっては進められるわけがありません。

2. 行政システムのデジタル化の遅れ

国民に関して行政が管理しているデジタルデータとしては、地方自治体の持つ「住基ネット（住民基本台帳ネットワークシステム）」があります。これは、氏名、生年月日、性別、住所など住民票に記載される情報を集約したもので、国民年金の被保険者の資格の確認や、選挙の投票券の送付、児童手当の受給資格の確認などを効率的に行うために整備されたものです。しか

諸外国の国民ID・番号制度（1）

国	構成	桁数	主な行政利用	民間利用	IDカード
アメリカ	社会保障番号	9桁	税務、年金、医療、行政サービス全般の本人確認など	特に制限なし	カードは紙製
イギリス	国民保険者番号	9桁	税務、社会保障、年金など	本人の同意があれば個人データを取得可能	IDカードは2010年廃止
ドイツ	納税者番号	11桁	行政分野ごとに異なる番号	税務用途以外禁止	ICカード
フランス	住民登録番号	15桁	税務、年金、医療、選挙票の交付など	許可が必要。一部を除きほとんど不可	ICカード式保険証
デンマーク	国民登録番号	10桁	ポータルサイトで税務、年金、医療、市民の生活サービス	特に制限なし	カード無し
スウェーデン	個人番号	10桁	税務、年金、医療、その他行政全般	特に制限なし	希望者に国民IDカードを発行

諸外国の国民ID・番号制度（2）

国	構成	桁数	主な行政利用	民間利用	IDカード
エストニア	国民番号	11桁	投票、出産還付金、高校受験の出願、入学手続きにも利用	特に制限なし	ICカード
オーストリア	住民登録番号	12桁	税務、年金、医療、その他行政全般	特に制限なし	市民カード。複数の媒体から選択可
インド	国民識別番号	12桁	税務、年金、各種助成金の支給、政府職員の勤怠管理など	最高裁が民間利用を制限する判決を下す	カードは紙製
シンガポール	国民登録番号	9桁	税務、強制積立貯蓄制度、福祉など	特に制限なし	IDカード
韓国	住民登録番号	13桁	税務、年金、医療など	特に制限なし	住民登録証

☞ アメリカ、韓国など国民IDと銀行口座が紐づいている国では、申請しなくても直接振り込まれるなど、給付金の支給スピードが速い

（出所）日経グローカル 2020/5/18、国際社会経済研究所資料をもとにBBT大学総合研究所作成

し、住基ネットは市町村ごとに別々のＩＴ企業が開発を請け負ってシステムが構築されてしまったため、全国的に統合することができません。マイナンバーもこの住基ネットを基に作られているため、同様のことがいえます。

　ここからわかるのは、これらのシステム整備の目的には、全国的に統合した国民データベースを作ろうといったものはなく、各市町村での行政サービスをスムーズにすることだけが考えられていたということです。市町村別、省庁別でバラバラにシステムを構築しても、各システムに国民一人一人のデータが必要となり、後から全国的なシステムへと統合することは難しくなります。

　私の提案としては、まずは国民一人一人の情報を汎用的なデータベースとして整備し、そのデータに、年金、税金、健康保険、銀行口座などといった個人と行政をつなげる情報を紐付けしていくという方法を以前から述べています。

　外国の例を見てみると、すでにそのような国民データベースを持っている国が多くあります。アメリカの場合にはソーシャルセキュリティナンバー、イギリスの場合はＮＨＳ（ナショナルヘルスサービス）といったように、医療保険から税金、その他すべての情報が一つのIDでつながっているのです（図「諸外国の国民ID・番号制度」）。

　また、国民データベースを管

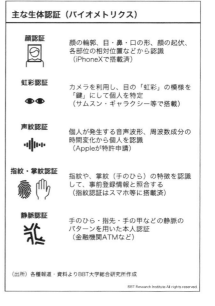

理する上で、正確性と安全性の面からパスワードだけでは不十分だということがわかっています。そのため、多くの国では生体認証（指紋認証、顔認証など）もあわせて取り入れています（図「主な生体認証」）。

◎これからの行政のあるべき姿への提言

　ここまで、日本の行政の問題点とその原因を、コロナ対策の振り返りや各国との比較を通して整理してきました。次は、それらをふまえて、これからの行政をどう改善していくべきかを述べていきます。

　改善策を考えるにあたって、『新・大前研一レポート』（1993年講談社　※本書にて復刊）を紐解いていきます。この本は27年前に発行されたものですが、奇しくも2020年現在の日本行政の再構築につながる提案が多く盛り込まれています。提言は①から⑤に分けて整理しています。

┌─────────────────────────────┐
│「コモンデータベース法」
│（『新・大前研一レポート』より）
│
│・国民一人一人が生まれた瞬間から個人情報をすべて
│　データベース化し、国家が一括して管理・保護する
│
│・データベースには、現在の戸籍のようなもの（国民登
│　録IDなど）から、納税、健康保険、年金、自動車免許、
│　婚姻、出入国などの情報が保存される
│
│・国民（国籍保有者）は、全員がID番号を持ち、死ぬま
│　で変わることがない
│
│・その番号を使えば、全国どこでも（海外でも）、すべて
│　の行政手続きが簡単にできる
│
│・為政者によるデータの悪用やプライバシー流出を避け
│　るために二重三重のセキュリティを設ける
│
│・三権分立ではなく四権分立とし、データベースを使って
│　よいかどうかの判断を立法、行政、司法の三権に影響さ
│　れない第四権力「人権院」に担わせる
│
│(出所) 講談社『新・大前研一レポート』大前研一著
│   BBT Research Institute All rights reserved.
└─────────────────────────────┘

提言①　国民全員がIDを持ち、一元的に管理するコモンデータベースの構築

　『新・大前研一レポート』において、日本をより良くするための「四つの大法案」というものを提案しています。その一つが「コモンデータベース法」です。国民一人一人が、国や地方自治体とどのような関

係にあるべきかを説いたものです。

　前述のとおり、日本の行政は各省庁と地方自治体がそれぞれ縦割り
で機能しているため、横のつながりが弱く、国民一人一人のデータ管
理がバラバラに行われています。それぞれの役所の都合で効率化が進
められているだけで、生活者である国民にとっては便利とはいえない
のが現状です。

　『新・大前研一レポート』では、「コモンデータベース法」を次のよ
うに提案しました。

　　　国民一人一人が生まれた瞬間から個人情報をすべてデータベー
　　ス化し、国家が一括して管理・保護する。

　ここでいうデータベースには、現在の戸籍に記載されている情報、
つまり国民登録 ID から納税、健康保険、年金、自動車免許証、婚姻、
出入国などの情報が保存されます。国民全員がこの ID を付与され、生
まれてから死ぬまでこの番号を持ち続けるのです。この番号を使えば、
全国どこにいても、海外にいても、行政の手続きを行うことができる
という制度です。ID 情報をパソコンやスマートフォンと連動させるこ
とで、オンラインでの手続きも可能となります。

提言②　コモンデータベースを委ねる厳正中立な第四権「人権府」の設置

　提言①で述べた「コモンデータベース法」が実現した場合には、す
べての国民の情報が一元化されます。これによって、我々にとって非
常に便利なシステムが構築できる反面、為政者によるデータの悪用や
プライバシー流出を避けるため、二重、三重のセキュリティを設ける

必要があります。

そこで私は、立法、行政、司法の三権分立に、第四権力として「人権」を加えることを提案します。行政、立法、司法が、コモンデータベースを自分たちの都合のいいように使うことがないよう、第四権力である「人権府」がそれを監視するという構造です。

「人権府」の中にコモンデータベース専任の責任部門「人権院」を置き、ここが情報開示の

プライバシー保護法
（コモンデータベース関連法案）

人権
（人権府）

国民一人一人の
人権を守る
（広義のヒューマンライツ）

立法権
（国会）

行政権
（内閣）

司法権
（裁判所）

・コモンデータベース法の導入に合わせて、国家コモンデータベースの管理を行う第四権として「人権府」を新設する
・立法、行政、司法三権を上回る第四権力として位置づける
・三権による「個人情報の開示」について判断する

（出所）講談社『新・大前研一レポート』大前研一著

お目付け役となる構想を考えました。「コモンデータベース法」の施行には、国民一人一人の人権を守る仕組みが不可欠です。「人権院」は、賢人（オンブズマン）であれば少数で構わないでしょう。公正無私な判断ができる人を慎重に選び、最高裁判所の判事のように国民の直接投票でふるいにかける制度です。

「コモンデータベース法」関連法案

「コモンデータベース法」の関連法案としては、次のような提案をまとめました。これらを1セットとして、『新・大前研一レポート』に収めています。

・プライバシー保護法

「コモンデータベース法」の導入に合わせて、コモンデータベース

の管理を行う第四権として「人権府」を新設する。

　立法、行政、司法三権を上回る第四権力として位置づけ、三権による「個人情報の開示」について判断する。

・IC カード法

　IC カードを国民に付与し、コモンデータベースに登録されている情報を管理する。

　パスポート、健康保険証、厚生年金手帳、戸籍抄本等や、オプションとして運転免許証、医療カルテ等もクラウド上に記録・収納して、情報を一本化し、携帯の便宜性を図る。

・戸籍廃止法

　各地で保管されている戸籍情報を、コモンデータベースで集約的に管理する。

　自らを証明する際はＩＣカードを使用し、戸籍謄本を廃止する。

・出入国管理法

　出入国管理をＩＣカードの利用によってデジタル化し大幅に簡素化する。

　IC カードを日本人全員、滞在中の外国人すべてに与える。

　近隣諸国でも同じＩＣカードの利用を促す。

・技術利用促進法

　公的サービスに先端技術を取り入れることを各官公庁に義務付ける。

　国民が監視機能を持ち、先端技術が用いられていないと判断された場合には、提訴することができるものとする。

・印鑑廃止法

　印鑑証明を廃止し、ＩＣカード、生体認証、サイン等によって本人であることを証明する。

　「コモンデータベース法」とこれらの関連法案を合わせて施行していくことで、国民一人一人のデータの安全と信用が確保され、国民にとってより便利なシステムを運営していくことができると考えます。

提言③　国民目線で行政サービスを統合したデジタルガバメントの構築

　「デジタルガバメント」とは、行政のデータ管理や手続きにおいて、デジタルを活用して国民により利便性の高いサービスを提供できる政府のシステムです。

　日本には現在、デジタルガバメントを作る主体がありません。また、基となるデータベースも構築されてはいません。前述のように、行政業務のデジタル化は各省庁や自治体がそれぞれ独自で進めてきたため、システムに互換性がなく、また国として統一したデータベースを持つことができていないのです。

　しかし世界を見てみると、１９９０年代から２０００年代にかけて行政の業務のデジタル化が進められており、比較的人口の少ない国を中心にデジタルガバメントがうまく機能している国があります。その一つ、私も視察に訪れたことのあるエストニア共和国のデジタルガバメント構想について紹介します。

「電子国家」エストニア共和国のデジタルガバメント

　エストニア共和国は、人口約 132 万人、面積は日本の９分の１と九

州ほどの大きさの国です。

　1991 年にソ連から独立し、その後行政のデジタル化が急速に進められました。ただし、ゼロから国民データベースを構築したわけではありません。すでに存在していた各種データベース（住民登録、年金、医療保険、納税など）を「X-Road」というツールを使って連携させ、一元的に管理できるよう整備しました。

　このデータベースを基に、IC チップの入った ID カードを発行し、現在 90％の国民がこの

エストニアの高齢者の電子政府サービス利用実態

高齢者の電子政府
サービス利用率
84%

・エストニアでは 8 割を超える高齢者が、何らかの電子政府サービスを利用
・高齢者であっても電子政府サービスを利用することは十分に可能

デジタル化が
幸福度を向上させた
と実感する高齢者
93%

・非利用者を含めた 9 割以上の高齢者がデジタル化は日常生活の幸福度を向上させたと回答
・エストニアは「国民ありきのデジタル化政策」を推進しているといえる

調査対象者：エストニア在住で60歳以上の男女
回答方法：WEBアンケート（代理回答も可）
有効回答数（n）：100
調査期間：2019/6〜2019/12
（出所）Set Go Estonia OÜ「エストニアのシニア100人にアンケート」

カードを所有しています。また、スマートフォンの SIM カードの中にこの IC チップを入れれば、世界中どこからでもスマートフォンを経由して政府の行政サービスが受けられるようになっています。

　エストニア共和国は、「e-Estonia」というコンセプトで、ワンストップの電子政府・電子行政サービスを実現しています。

　例えば「e-Cabinet（電子内閣）」は、ネット上で閣議を行えるシステムです。閣議の議題は事前にオンライン上にアップされ、閣僚はその資料を閲覧することができます。議題によってはオンライン上で決裁することも可能です。

　その他に「e-TAX（電子納税・申告）」というシステムもあります。個人の給与などの収入は、銀行の情報を基に行政が把握しており、そこから納める税金が自動的に計算されます。国民はその情報を確認し、承認ボタンをクリックするだけで申告が完了となるため、会計士や税

理士は職業として必要がなくなりました。

　ここで気になるのが、このデジタルガバメントの仕組みにおいて、一般的にデジタルに弱いとされる高齢者が置いていかれることはないのかという点です。

　驚くべきことに、エストニアではそのような問題はほとんど起きていません。高齢者も自分で学習をしたり、家族に教えてもらったりしてこの仕組みをうまく活用しています。その理由は、このシステムを利用すれば手続きのために役所へ出向く必要がなくなるためです。

　エストニア共和国の高齢者へのアンケートでは、93%が「デジタル化が幸福感を向上させた」と回答しています（「エストニアのシニア100人にアンケート」Set Go Estonia OÜ）。この結果からも、エストニア共和国では、利用者である国民の目線を第一に考えたデジタルガバメントが構築されているといえるのではないでしょうか。

行政ではなく国民にとって便利なシステムを

　デジタルガバメントを構築するにあたって、重要となるのは「国民にとって便利なものになっているか」という視点です。これまでの日本の行政におけるデジタル化は、国民目線ではなく、それぞれの役所の効率化が優先されてきました。そのために全国的なデータベースが構築できておらず、生活者である国民が不自由を強いられてい

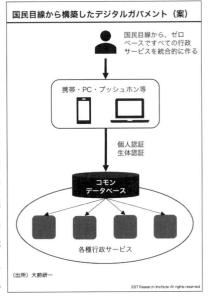

国民目線から構築したデジタルガバメント（案）

国民目線から、ゼロベースですべての行政サービスを統合的に作る

携帯・PC・プッシュホン等

個人認証
生体認証

コモンデータベース

各種行政サービス

（出所）大前研一

るのです。

　日本において国民目線でのデジタルガバメントがうまく実現した場合、生活利便性を向上できる行政サービスの例を見てみましょう。

・選挙の効率化

　今は総選挙を実施すると1回につき800億円ぐらいかかります。もしコモンデータベースがあってそれを基に投票システムを構築できれば、何回選挙があってもコストがかさむことはありませんし、海外にいても投票が可能です。国民投票についても同様です。

・医療の効率化

　医療や健康保険に関するデータがコモンデータベースに登録されていれば、アレルギー情報や検査結果が一元管理できるようになります。既往歴などもすべてクラウド上で管理ができるため、救急時の対応もスムーズです。

　また、病院を変わる毎に初診料が取られ、診察券を受け取りますが、国が国民の医療データをクラウド上に管理すれば「初診」という概念もなくなりますし、余計な検査で時間を取られることもなくなります。

・年金の管理の明確化

　現在は定年の年齢も自分で選べるようになり、それに伴って年金の額も変わるため、年金制度が複雑となっています。コモンデータベースに一人一人の加入履歴などが登録されていれば、行政も国民も受給額の確認が容易になります。

・履歴書関係の証明

　修学・資格などの一連のデータが登録されれば、履歴を証明する

情報として利用できます。手書きかデジタルかは問わず履歴書は不要となり、信頼できるデータとして活用できます。さらに、ブロックチェーンを用いて添付すれば、誤りのない学歴や受賞歴、資格などを証明することができます。

・運転免許証の管理

例えば運転免許証をスマートフォンに同期して英訳できれば、国際免許証が不要になります。免許証の更新や住所変更などの手続きも、同じデータベースで管理していれば簡素化できます。もちろん更新に行く必要もありませんし、新しい道路交通法などの説明はオンラインで受講し、その受講歴を講習を受けた証明とすることができます。生体認証のうち、特に顔認証などはこうした時に強力な証拠となります。

提言④　最先端の知識を持つ民間の IT 技術者を閣僚に抜擢

諸外国において、デジタルガバメントがうまく機能している国や、コロナ対策において IT 活用が迅速に進んでいる国の取り組みを探っていくと、その背景には優秀な IT 人材が抜擢されていることがわかります。

例えば台湾の閣僚には、オードリー・タンという人物が抜擢されています。この人物は IQ180 の天才プログラマーで、19 歳でシリコンバレーで起業し、Apple や BenQ の顧問を務めた実績があります。台湾の新型コロナウイルス対策においては、オードリー・タンによってマスクの在庫が一目で確認できるアプリが開発され、世界的に話題となりました。

また、インドの場合には、身分証明庁初代長官にナンダン・ニレカーニという人がいます。インドに拠点を置く世界有数の IT 企業「インフォ

シス」の２代目の会長で、「アドハー」と呼ばれる国民 ID システムを作った人物です。国民 13 億人の生体認証システムを導入したということで、2018 年の日経アジア賞を受賞しました。

　先述のエストニア共和国においても、初代の首相が IT 企業出身者であるなど、システム開発の核となる人材が閣僚として起用されています。

　日本のこれからのデジタルガバメント構築においても、既存の IT 企業に頼るだけではなく、民間の優秀な人材を政府に取り込んでいく必要があるのではないでしょうか。

提言⑤　「スーパーシティ構想」の展開

　これまで述べてきたように、世界的に見ても日本の行政におけるデジタル化の遅れは深刻な状況だといえるでしょう。今回のコロナ禍でも、デジタル化の遅れに起因する多くの問題が生じました。このアナログ文化のままでは、国民の生命や健康にもリスクが及ぶ可能性があるということを国民自身が実感しました。また、非効率な業務によって行政コストは増加し、国家債務のリスクも増殖していくことでしょう。国際的な競争力もますます低下してしまいます。

　これらの課題を解決する方法が、国民一人一人のコモンデータベースを構築し、デジタルガバメントとして行政の仕組みを作り直すということです。

　このような構想を実現するには、既存の市町村の枠組みの中では障害が多いでしょう。

　その取り掛かりにつながりそうな法案が、2020 年５月に国会で成立しました。それは「スーパーシティ法案」というものです。

　「スーパーシティ」とは、AI やビッグデータを活用することで、これ

まで社会で課題とされてきた問題をすべて解決し、より利便性の高い
いわゆる「未来都市」を実現させようというものです。

　具体的な取り組みとしては、自動走行による移動・配送サービス、
完全なキャッシュレス化、行政手続きのデジタル化、遠隔授業、遠隔
医療、エネルギーのコミュニティ内での循環などが挙げられています。

「スーパーシティ構想」の概要

①これまでの自動走行や再生可能エネルギーなど、個別分野限定の実
証実験的な取組ではなく、例えば決済の完全キャッシュレス化、行政
手続のワンスオンリー化、遠隔教育や遠隔医療、自動走行の域内フル
活用など、幅広く生活全般をカバーする取組であること
②一時的な実証実験ではなくて、２０３０年頃に実現され得る「あり
たき未来」の生活の先行実現に向けて、暮らしと社会に実装する取組
であること
③さらに、供給者や技術者目線ではなくて、住民の目線でより良い暮
らしの実現を図るものであること

　この３要素を合わせ持ったものであると定義しており、これを「ま
るごと未来都市」と呼んでいます。この「まるごと未来都市」の実現
を支えるのが、大胆な規制改革です。

　遠隔教育、遠隔医療、電子通貨システムなど、AIやビッグデータ
を効果的に活用した先進的サービスを実現しようとすると、どうして
も、各分野の規制改革を、同時一体的に進めなければなりません。そ
ういう意味では、スーパーシティは、「まるごと規制改革都市」とも
言えるかもしれません。

（内閣府国家戦略特区　https://www.kantei.go.jp/jp/singi/tiiki/kokusentoc/）

「スーパーシティ」でこれらのサービスを実現させるということは、
そこではすべての規制をゼロベースから作り直すということです。今

までの規則にとらわれない新しいコミュニティを作り、住民一人一人のデータをコミュニティで一元管理することになるでしょう。

　また、「スーパーシティ構想」を実現していくにあたっては、ぜひ優秀なＩＴ人材を積極的に登用してもらいたいと思います。コロナ対策において、一部の自治体ではＳＮＳやＩＴをうまく利用した政策を実現できた例もあります。そのようなリーダーがいる自治体をモデルとして、この構想を全国に拡大していくべきだと考えます。

　また、外国からこうした役割を担う人材に登場してもらうことも考えたほうが良いでしょう。先述のインドのナンダン・ニレカーニ氏については、私も合弁事業を一緒にやっていたので良く知っています。彼のような人に、数年の間日本で「スーパーシティ構想大臣」をやってもらうくらいの登用が必要なのではないかと思います。

　これまで提言①から⑤で提案してきたことは、このような新しいコミュニティを基盤とすれば、実現の可能性はかなり高くなるのではないでしょうか。この「スマートシティ」が最終的に日本全国に広がれば、コモンデータベースとしてデータは集約され、デジタルガバメントが構築されることでしょう。

　日本がそのような「ありたき未来国家」となり、国民の利便性とともに幸福度が向上していくことを願っています。

（緊急復刊版 新 大前研一レポートより good. book）

Column ◇【行政デジタル化／リカレント教育～大前学長が考える『菅首相が最優先で取り組むべき課題』とは？】

マイナンバーの活用などやめて、ゼロベースで国民データベースを作るべき

政府が来年にも個人のマイナンバーと預貯金口座を連動させる方針を明らかにしました。

個人向けの給付手続きなどをマイナンバーカードだけでできるようにするものです。

一方、河野行革相は24日、全府省にハンコ廃止を要請。

業務上、押印が必要な場合は、理由を今月中に回答するように求めました。

まずマイナンバーを活用していこうとすること自体に、私は賛成しません。

マイナンバーは国民データベースとして機能していない点が致命的であり、仕掛けそのものが間違っています。

根本から間違っているので、マイナンバーを廃止してゼロベースで考え直すほうが良いと思います。

その際には、国民データベースの前提となる戸籍と住民票についても、「法的根拠」を明確にするところから始めるべきでしょう。

よく知られているように、皇居を本籍として登録している人さえいます。

戸籍については戸籍法で定義されています。

法的に定義するほど重要なものであるなら、なぜ、実態とは異なるような皇居や富士山頂の登録を許可するのか、私には全く理解できません。

マイナンバーと預金口座を連動する予定とのことですが、有効的には機能するとは思えません。

現時点でマイナンバーカードを作成している人は国民全体の20%

弱であり、今後も強制力を発揮できるかは疑問です。

　証券取引の口座など金融機関でマイナンバーの提供が求められるケースもありますが、預金口座の開設では、現状、強制ではなく「任意」となっていますし、今年度内に実現・開始予定の主な施策でも、マイナンバーを持っていない人にはQRコード付き交付申請書を発送するなど、中途半端感が否めません。

　マイナンバーで国民データベースを作ろうなどというのは、私には冗談に聞こえます。そんなものに期待をせず、ゼロベースで国民データベースを作るべきです。

　そして、その際には絶対に生体認証を導入するべきです。

　先日起こったドコモ口座からの不正出金も、生体認証があれば防ぐことができたはずです。

　国民データベースを銀行口座に紐付けるなら、生体認証は必須です。

　いまさら4桁の暗証番号などは、時代遅れの産物です。

　同様に時代遅れの代表格だった「ハンコ文化」に河野行革相が強い姿勢を示しました。

　全府省にハンコ廃止を要請し、ハンコ業界の人達が慌てています。

　これまでも何度かこの手の話はありましたが、ここまで勢いよく明言されたことはなく、当惑しているのでしょう。

　時代の流れを考えても、電子的に置き換えるというのは避けられません。

　弁護士ドットコムの株価を見ていると、電子契約に踏み切ってシステムを導入している企業数が次々と増えているのが見て取れます。

菅首相が最優先で取り組むべき課題の1つは、日本の教育・再教育問題

　日経新聞は先月22日、「再教育でデジタル人材に」と題する記事を掲載しました。

　欧米で、デジタル人材を育てるリカレント教育への公的支援が広がっていると紹介。

　新型コロナ禍で失業リスクが高まる産業からニーズが拡大するデジ

タル分野に雇用をシフトできるかが、今後の成長を左右すると見越したもので、産官学連携や再教育で欧米に遅れを取る日本にとっては喫緊の課題としています。

最新スキルを学べるプログラムを従業員に提供する企業の割合などを指標化したチャートがあります。

このチャートを見ると、日本の教育問題が如実に現れていて悲しくなるほどです。

指標チャートを見ると、日本は OECD で最下位。

平均値が 0・57 に対して、日本はわずか 0・15 です。

21 世紀に向けた人材教育において、日本は公的であれ私的であれ、ほとんど実施できておらず、世界的に見て最低レベルだと言わざるを得ないでしょう。

かつてドイツもひどく落ち込んだ時代がありましたが、1998 年から 2005 年まで首相を務めたシュレーダー氏による「シュレーダー改革」で、職業教育などに注力した結果、大きく改善しました。

そのドイツでも平均を下回る 0・4 レベルですから、日本のレベルは深刻だと思います。

日本は旧世紀の人間を抱えて 21 世紀を迎えてしまった国です。

デジタル庁の動きなどを見ていても、惨憺たる状況だと理解するべきです。

新政権の菅首相が最優先で取り組むべきことについて、さまざまな議論がありますが、私は何よりも「教育・再教育」に力を入れるべきだと思います。

日本ほど 20 世紀の大量生産、大量消費、工業化社会に適応し、工業化立国として成功した国はありません。

しかし、逆にそのまま 20 世紀から 21 世紀に移行できておらず、特に教育面で大きく遅れをとっています。

この問題は、非常に深刻だと私は感じています。

（https://www.lt-empower.com/ohmae_blog/viewpoint/2815.php ニュースの視点 849
2020/10/2 より）

［2］〈変革すべき日本の雇用・教育制度の問題点〉
分かっていても変えられない
日本の雇用制度、教育の深刻

　デジタル化はあらゆる業界、あらゆる企業に変革を求め、雇用問題を生み出す。そして、企業社会を大きく揺さぶる。ところが、日本では問題が放置されたままだ。ビジネス・ブレークスルー大学の大前研一学長が日本の教育に物申す。(ダイヤモンド編集部・小栗正嗣)

　今、起こっている変化とは何か。新型コロナによる影響で、この20年ぐらい進展してきていた世界的な変化、大きな変化がさらに加速しているんだと思います。

　その変化とはデジタル化です。経営への衝撃は、さらに大きく広がっていく。あらゆる組織が適応力を問われ、デジタルトランスフォーメーションを迫られるのです。

　日本でもZoom会議、テレワークといった言葉が定着しましたね。ところが、日本企業はこの世界的な変化に大きく後れを取っているのが現実です。

　特に遅れているのは間接業務です。間接業務のいわゆる業務改革が、デジタルトランスフォーメーションの俎上に全く載らなかった。

　製造現場や経理などのコンピューター化はしているものの、仕事のやり方は変わっていない。余った人間を持っていく場所がない。

　実は日本にはいい手本がある。15年ぐらい前のドイツの「シュレーダー改革」です。

　その中身の要は「21世紀には人が余る。これは企業の責任じゃない。従って要らなくなった社員は外に吐き出しなさい」とするものでした。

　彼が偉いのはその先です。「吐き出された人たちを再教育し、もう一度企業に雇ってもらえるよう戻すのは国家の責任である」としたんですね。

　手厚い失業給付から就労促進へ、労働市場の柔軟化へと、労働政策を大転換したわけです。

　ところが、日本は全く動けない。政府に「雇用は外に吐き出せ」と言うだけの勇気はなく、出てきた人を再教育するシステムもない。

　実際、日本の大学に、21世紀にどうやってカネを稼ぐか、飯を食べていくかを教えることができ、リカレント教育に耐え得る教授がどれだけいると思いますか。必要なのは知識ではなくスキルですが、大学などで教えているのは昔ながらの知識ばかりですよね。

　ビジネス・ブレークスルーは1998年の設立当初からインターネットを使って、世界に散らばる日本企業の経営幹部、スタッフのトレーニングを手掛けてきました。

　そして、小泉改革の追い風を受けて２００５年に大学院を、10年に大学を正式に認可してもらい、経営の研修カリキュラムを提供できるようになった。

　今回のコロナ禍で、大学がリモート教育で苦労していますが、もともとオールサイバーで始めたわれわれは何の影響も受けていません。むろんリモート授業に慣れていますし、１万時間以上のコンテンツを作ってきている。そもそも、22年前からリカレント教育のために学校をつくってきたんですから。

　ところが、われわれは今も文部科学省からは邪魔者扱いされています。要するに大学設置法が定めるのは校庭や図書館、医務室などの物理的な施設です。学生が世界中に散らばっているのに、「なんで？」と

首をかしげざるを得ません。教授の条件については、博士号を何人が持っているのかと常に聞かれます。経営は経営者が教えるのが一番いいに決まっていますが、博士号を持つ経営者などほとんどいません。

また「おたくの大学は論文が足りない」という非難も常とう句ですね。論文がなくて大学といえるかと。こちらは論文なんか書く暇があったら、もっと新規事業のアイデアや経営システムを考えてほしいと思っているんですがね。

コロナ禍のおかげで日本はようやく変わらなきゃいけないと認識するところまできた。けれども、そのために政治的リーダーシップを取れる人間がいない。一方、役所は旧来型にしがみついている。日本は20世紀の工業化社会に適応し過ぎたために、21世紀のデジタル社会への適応は極めて苦手です。むしろコロナ禍を奇貨としてゼロベースで企業社会を構築した方が早いでしょうね。

一方、企業社会だけ見ると、今年になってデジタル化の動きが急速に浸透してきました。

業務契約書を電子化した弁護士ドットコム、手書きデータをAIでデジタル化するAI inside（渡久地択社長）、業務書類をペーパーレス化したコンカー（SAP Concur）といった生きのいい会社がどんどん進出してきている。

ちなみに弁護士ドットコムの元榮太一郎会長は、うちのアントレプレナー講座のアタッカーズ・ビジネススクール出身。コンカーの三村真宗社長はマッキンゼー・アンド・カンパニー出身です。他にも私が大学生の頃から注目してきたオプティムの菅谷俊二社長などが、続々と表舞台に出てきている。

企業社会は大きく変わってきていると思う。ただこれが進むと、人が余ります。業務改革が進めば進むほど、日本の雇用制度が大きく揺らいでしまう。

ところが、日本の問題はシュレーダー改革で用意されたような再教育の場がないだけではありません。もっと背筋が凍るような事実もあ

ります。

　文部科学省中央教育審議会がまとめた高校教育の質の確保・向上に向けた文書を読んで、私は慄然としました。

　来年15〜18歳の高校生は、30年とたたぬうちに、45年に訪れるとされる「シンギュラリティ（AIの能力が人類を超える技術的特異点）」を迎える。

　そんな彼、彼女たちに教えようとしているのは、相変わらず昔ながらの教育なのです。

　21世紀のコンピューターにできない人間ならではの能力、あるいは私がよく言っている構想力、複眼的視点とか、自分の思ったことをプログラムに落とし込む力……。O-DESKや9・シグマなどで世界中の優秀な人を使いまくるための実務的な語学。こういうことは全く盛り込んでいない。これは、この新しい高校教育を受ける若者たちに、働き盛りになる20年後には「死んでくれ」と言うに等しい教育カリキュラムですよ。

　わが国の将来の人材を間違った方向に持っていくことは、厳に避けないといけません。

　やはりゼロベースで作り直すぐらいのことをしないと、変えられないのではないですか。

（週刊ダイヤモンド　2020/9/26号）

● ●

［3］〈変革すべき日本の教育〉
大前流教育改革案

聞き手・教育新聞編集部長　小木曽浩介

◎続 大前研一氏に聞く（上）
「義務教育と入試はこう変えよ」

　仕切り直しとなった入試改革、深刻化する教員不足と教員採用倍率低下、日本より先行していると言われる諸外国の教育事例、そして AI──。経営コンサルタントでビジネス・ブレークスルー（BBT）大学学長の大前研一氏なら、課題山積の学校教育をどう改革するか。第 1 回は義務教育と大学入試の改革案を聞いた。

義務教育を高校まで延長すべき

──大学入試改革が二転三転しています。

　まず最も根本的なところで、投票年齢を 18 歳に引き下げたときに、18 歳という年齢について定義しなかったことが大きな問題だと、私は思っています。

　少年法やアルコールは 20 歳としつつ、投票だけは 18 歳。投票権を与える人は、どういう人でなければいけないかが、全く定義されていないのです。その定義もなしに投票させるなど、これは国家の怠慢だと思います。

　投票権を与えたのであれば、義務教育を高校まで延ばし、18 歳の時点で社会人として世に送り出すための儀式をすべきです。このときに、

物理的に同じにするかはさておき、中学と高校のカリキュラムを統合し、6年間の最後の1年分を使って社会人教育をすべきだと思っています。

18歳になるまでに義務教育の中で社会人教育をしながら、社会に送り出すための儀式として「高校を卒業する試験」を行う。すなわち、われわれが社会人として期待している知識や能力を身に付けているかどうかを、社会に送り出す前に卒業試験として確認するのです。

投票権があるのであれば、その時点で責任ある社会人でなければいけない。その社会を維持する責任のある人間かどうかを実証するためのテストは、教育プログラムを作っている文科省が責任を持って「義務教育卒業試験」としてやるべきです。

理系と文系は分けない

――高校までを義務教育にした場合のカリキュラムは、どんなものになるでしょう。

理系と文系は分けず、全生徒が全てを学ぶようにすることが重要なポイントです。世界中がSTEMやSTEAMという方向に向かっているときに、日本は高校2年生の時点で理系と文系でクラスを分けて、文系を選択する生徒はSTEMのサイエンス、テクノロジー、エンジニアリング、数学をやらないでいいですよ、としている。これは21世紀における人間の基本的な資質を全部放棄していることと同義で、犯罪的な教育制度です。

それから多くの人はSTEMに対して、アートを指すAという字をつけて、STEAMと言います。

このアートというのは、私は人文科学、つまりリベラルアートだと思っていまして、歴史、地理、音楽、絵画などがここに入ってきます。

だからアートも非常に重要な科目で、選択なんかさせない。いい社会人は、これら全部を具備していないといけないからです。

能力の差はあっても良いのですけれども、「義務教育卒業試験」は全部にわたってやるべきだと思います。全部の試験をして、その結果を卒業時のプロフィールとして、その人間固有のものとして取っておいて、大学に提出します。

採りたい人材を定義し、自由に決める

——入試はどうしますか。

大学はそのプロフィールを見ながら、自分が独自にテストしたい科目だけをテストすればいいのです。それは大学が決めるべきです。

大学は子供たちが「社会に出てからのスキル」を高めるための場所ですから、入試の内容は大学が勝手に決めればいい。共通テストとかセンターとか、国立だから全教科をやる必要も全くありません。大学入試は、各大学で採りたい人材を定義した上で、自由に決めるべきです。

——大前さんなら、どんな試験をしますか。

面接試験は必ずしますね。私はマッキンゼー時代も面接を通じて人を採っていました。21世紀に必要な資質というのは面接しないと分からない。いわゆる学問的なものだけでは分からないのです。

マッキンゼーで私がどういう面接をしていたかというと、「君は明日、タンザニアに行き、タンザン鉄道の敷設工事、延長工事の企画・指導をやってくれ。リュックに何か1個だけ詰めて持って行くとしたら、何を入れるか言ってみろ」と、こう質問するんです。

そうするとね、学問的な勉強しかしてこなかった東大卒なんて、頭がフリーズしますね。タンザニアがどこにあるか分からないとすると、何も答えることができなくなるんですよ。だけれど、このように自分に知識がない問いであっても、「私はタンザニアがどこにあるか分からないのですが、仮に暑い地域にある国だとします。病気も多いとして、言葉は英語で何とかなると仮定すると、こういうものをリュック1個に詰めます」と整然と答えられる者がいるんですよ。私は、こういう

人間を採っていました。

　知識として知っているかではなくて、対話法の中でどういう答え方をするかを確かめることで、社会に出て新しい状況に遭遇してもやっていける力を持っているか分かるんですよ。これは面接じゃないと無理です。

　定型的な試験と、このような面接とを、両方やった方がいいと思いますね。

BBT の試験はカンニング推奨

――学長を務められている BBT 大学の試験は、どうしているのですか。

　BBT 大学は試験も授業も全てネットで遠隔参加できるのですが、私の担当しているコースはユニークな方法で 2 つの試験を実施しています。

　まず、カンニングを奨励しています。なぜなら社会に出たら、カンニングしていかなければダメだからです。社会では全てを調べ、あらゆる人としゃべって、自分で考え得る最高の答えを出さなければならない。したがって試験でも、誰かの回答をそのまま書くのはだめですが、ネットで調べてもスカイプで相談し合っても、何をしても良いという試験を 1 つ出します。1200 語に最終的にはまとめてもらいます。

　そしてもう 1 つは、一人一人の回答をわれわれが読んだ上で、「あなたがここでこう言っている根拠について、もう少し詳しく 800 語で 2 時間以内に出しなさい」という個別試験です。そうすると、今度は問われていることが一人一人違うわけなので、みんなで相談することはできません。自分の考えを自分で短時間にまとめ上げる力が必要になります。

　カンニングをしながらいろいろな情報を調べ、たくさんの人の意見を聞き、自分の考えを集約するのは重要な能力ですが、急な問いに対して自分で考えて答えを導き出すことも重要です。2 つ目の試験は、

まさにその力を証明してもらうものです。

一人一人に違う質問をするのは、先生にとっては非常に労働集約型です。だけれど、この2つの試験を組み合わせることで両方の力が分かりますし、いずれの試験も遠隔で実施可能です。日本の学校ではカンニングしちゃいけないと言いますが、冗談じゃないです。頭の中に記憶できるものだけで試験をするのみ、というのでは、これからの社会での活躍は期待できません。

世の中に出て、ちゃんと仕事ができる人というのは、あらゆる人の意見を入れて自分の意見に集約していく力と、突然言われても自分1人で答えを導き出せる力の、両方の能力を持つ人なのですから。

（教育新聞・2020/3/10〈株式会社教育新聞社〉https://www.kyobun.co.jp/close-up/cu20200310/）

◎続 大前研一氏に聞く（中）
「エリート教育を嫌うな」

「平成の30年間において、OECDの中で日本だけがこんなに衰退し、GDPも給与も伸びなかった。教育のみが唯一、この状況を変えられる」と、経営コンサルタントでビジネス・ブレークスルー（BBT）大学学長の大前研一氏は語る。第2回は、世界で戦える人材を海外の学校がどう育成しているのかと、それに負けない児童生徒を育てるために日本の教員ができることを聞いた。

STEAM教育と英語

──大前さんから見て、いま学校教育がうまくいっている国はどこですか。

インドはフォーチュン500社（米フォーチュン誌が毎年発表する上位500社のリスト）の全てに、副社長以上の人材を提供しています。インドという国は、国そのものにはいろいろ問題がありますが、人材

育成という観点では、世界の経営陣の中で活躍できる人材を大量に輩出しているわけです。世界に通じる経営人材をつくり出す、あるいは、IT人材をつくり出すことにおいてはトップですね。

のみならず、医者、税理士、会計士、弁護士などの高度な専門職が、世界中で最も多いのもインド人です。米国へ行っても、英国へ行っても、プロフェッショナルと呼ばれる職業の3分の1はインド人といった状況です。

諸外国へ出たときに活躍できる能力を、インドの学校は育てているわけです。国そのものの経営はさておき、世界で通用する人材をつくるという意味においては、インドという国は非常に優れた人材育成システムを持っていると言えますね。

──インドの教育は具体的に何がいいのでしょう。

基本的にはSTEAM教育と英語です。インドは言葉が非常に複雑なので、金持ちは若いころから英語を学びます。富裕層でなくとも、貧乏を逃れたいという強い欲望があると、英語もITも懸命に勉強するんです。これが一番の近道かもしれませんね。極限の貧乏、1日2ドルも稼げないようなところに育つと、それを越えていきたいという強い熱意が一部の人には生まれます。実はITで活躍している地域を見ると、同じ要素があります。つまり、国民が「この国に依存していたらだめだ」と強く思っている地域です。例えばフィリピン。フィリピンでは教育機関にはまだIT環境が整備されていませんが、若者は食い詰めた結果、勝手にITを勉強し、ハッキングなどをして憂さ晴らしをするんです。

実はコンピューターウイルスの対策ソフト会社の多くは開発をフィリピンで行っているのですが、その理由は、安くて優秀な人材がいるからです。フィリピンの子供たちは勝手にハッカーをやって、才能が出てくると、そういう大手企業に採用されるんです。これは、絶望の中から出てくる能力なんですね。

また、同じくITで活躍しているベラルーシという国がありますが、

ここにはルカシェンコ大統領という独裁者がいましてね。国を逃れたいと思ったら、英語とITを勉強するしかない。文学系を選ぶと、共産主義のドクトリンみたいなのばかりだから、誰も選ばない。他にもイスラエルとか台湾とか、将来に不安がある国では世界のどこに行っても生きていけるように、英語とICTを染色体に染みこませるほど勉強するのです。

つまり「絶望的な国」というのが共通項なんです。

日本人に欠けている危機感

──**日本は、そうした状況にはありませんね。**

昔は日本もそうでしたよ。私は松下幸之助さんや川上源一さんらのコンサルティングもしてきましたが、彼らには「こんな狭い国にとどまったら将来はない。世界化しなきゃいけない」という危機感がありました。

農家も食い詰めたらブラジルやペルーまでも移民していった。今は霞ヶ関に陳情に行ったら、お金が空から降ってくる。「決死の覚悟」はどこに行っても見当たらない。日本人は生きるために、いい生活をするために、勉強するインセンティブがなくなってしまったのです。これが世界で活躍できる日本人が見当たらない最大の原因です。表面的な学習指導要領の変更などで変わるとは思えません。

現在の日本は親も学校も、それから政治の世界も官僚も、誰も国家の将来に危機感を持ってない。むしろ国は国民に、親は子供に、危機感を植えつけないようにしている。平成の30年間において、OECDの中で日本だけがこんなに衰退し、GDPも給料も伸びていないのに、誰も危機感を持たないのは異常ですよ。

「この国はだめで、このままだと食い詰めて路頭に迷う」という、国家や自分の将来に対する危機感を持っていたときの日本は強かったんです。

そして教育だけが、この状況を唯一変えられるんです。

諸外国のエリート教育

——海外はエリート教育にも積極的です。

　エリートという言葉を、日本人は非常に嫌います。エリート教育を、戦後の日本は拒否してきたんですね。しかし世界において、日本人の人材価値は低下しています。

　近隣諸国を見てみると、例えば私はたまたま韓国の梨花女子大学校の国際学部で教えていますが、この大学の目標は非常にはっきりしていて、「国際的な組織でアジア部長以上になる」と学校の教育方針に書いてあります。授業も全て英語で行われています。

　韓国は男社会だから、国内の会社に入っても活躍の機会が制限されるので、国際組織に入ることを明確に目指すのです。その結果、非常にレベルの高い人が集まって、その志向でもって学校を出て、そういうところに就職していく。

　中国は逆に、差をつけるということを平気でやっています。清華大学とか、上海交通大学などは、エリート教育の塊みたいなところですよ。こういうところを出てきた人が、一回も米国などに行ったことがなくても、英語で普通に授業を受けています。私が訪問した際にも、滞在期間中、全て普通に英語で案内してくれますよ。そんな人がごろごろいるんです。

　深センと上海には、中欧国際工商学院（CEIBS）というEU委員会と合弁でやっているMBAコースがあります。私も何回か講演で呼ばれて行きましたが、質疑応答などを通じてレベルの高さに驚かされました。

——日本にとって、かなり手ごわそうですね。

　ええ。そういう光景を見ていると、人材育成という点において、日本のみんなを持ち上げるという大量生産時代のやり方はまずいと感じます。次の世紀は、抜き出た人材のいない日本は確実に負けると思い

ますね。

日本の普通の学校に行き、普通の教育を受けたら、世界では戦えないでしょう。世界で活躍できる人なんか、普通の家庭で普通に学校を卒業しても出てこないですよ。まさに、人材養成機関としての学校の危機なんです。

これは複合汚染でして、文科省が一番悪いんですけども、それを支えている政治家や親、それから学校の先生も含めて、大人たちが「日本は国際的に活躍できる人材を育てていない」という危機感を持ってないところが、やはり非常に難しい点ですよね。

ロールモデルを見せる

――仮に危機感を持てたとして、日本の学校教員は何から始めればいいでしょうか。

「母源病」というのがありましてね。「母親を源とする病気」という意味です。何かというと、「あんたはちゃんと勉強しなかったら、お父さんみたいになるよ」と言って、自分の知るたった一つの事例を持ち出して、「あんなふうになるといけないから勉強しろ」と言う。もしくは、「あんた、もっと勉強しないとお父さんみたいになれないよ」と言うか、どちらかなんです。事例数が足りなさ過ぎるのです。これでは、恐らく子供はどっちにもなりたくないと思うんですよね。

日本人が世界で才能を開花させているスポーツの領域を見ると、世界中にたくさんのロールモデルがあるんですよ。高梨沙羅の前にサラ・ヘンドリクソンがいたし、スケートでもロシアの有名選手がたくさんいた。模範となるロールモデルの事例が、いっぱいあるわけですよ。

「指導方法を変えなくてはいけない」と力を込めるスポーツや音楽などは、世界的に活躍する人がたくさん出てきている。「見える化」できるところでは、負けない日本人がたくさん出てきている。全体主義的な学習指導要領もなく、全て個別指導で育っている。

だから私は、学校教員は児童生徒に、ロールモデルの事例をたくさん見せるようにしてやらないとだめだと思います。子供たちが目指したいと思う「人」の事例をロールモデルとして語ったり、ロールモデルとなるような人を指導してつくり出したりする見当をつけないといけません。私がいま、日本の教育がものすごい危機にあると言っているのは、指導方法そのものを変えなくてはいけない、という意味なのです。

(教育新聞・2020/3/13〈株式会社教育新聞社〉https://www.kyobun.co.jp/close-up/cu20200313/)

◎続 大前研一氏に聞く（下）
「必要な教員、いらない教員」

「給料を稼ぎたいのだったら、教員でなくて他の仕事をやった方がいい。重要なのは情熱を注げるかどうかだ」「そのためには児童生徒一人一人と深く語り合い、何を望んでいるのかを理解しないといけない」と、経営コンサルタントでビジネス・ブレークスルー（BBT）大学学長の大前研一氏は語る。深刻化する教員不足と教員採用倍率の低下を、大前氏はどう見ているのか。「AIに置き換えられない教員」像を聞いた。

教員不足の本当の問題

──教員不足が深刻化しています。さらに教員採用倍率も低下しています。

いっそのこと、先生はゼロにしたらいい。だって、1人の人間が全員に教えられるからです。教員不足が問題だと言われますが、「教える人間」としての先生は、究極的には1人でいいと私は思っています。

実際に私のビジネス・ブレークスルー大学（BBT）では、1人の教員が世界中に散らばっている学生を相手に授業しています。サイバーの

世界なら、教員1人に対する生徒数という固定概念はなくなります。

　経営戦略だったら私に聞いてください。私が1人で何万人でも教えてあげます。これからの時代は、そういうものですよ。

　しかし進路指導だとか、人生の相談相手だとか、そういう役割として先生を考えると、教員不足は非常に深刻です。日本がうまくいっているスポーツ、音楽を見ると、全て個人教師です。親の場合もあるし、高校の恩師の場合もありますが、これからの時代は児童生徒一人一人の個性を見極めて伸ばす「個別インストラクション」が非常に重要になります。そういう役割としての教員は必要なのです。

――そうなると、大前さんから見て、今の学校教育における最大の問題は何なのでしょう。

　私は経営コンサルタントなので、経営戦略を立てるときにはまず、どんな製品やサービスを作るかを考えます。何を提供するのかを念頭に置かないと、経営戦略は立てられません。しかし、現在の日本の学校教育には、どういう人を育てるのかというイメージがない。戦後の日本では、平均値の高い均質な人が求められました。大量生産、大量消費時代において、命令を受けたらその通りに実行することができるように、「実行力」や「理解力」を中心に育成していたと思います。その教育が正解だったかどうかは分かりませんが、これで日本は世界第2位の工業国家になれました。

　ところが今は、学校はどんな人を育てるのかというコンセンサスが全くない。中教審の議論を見てもない。これは、商品のイメージを持たずに工場で何かを生産しているような、恐ろしい状況だと感じます。

　教育改革も、現場の教師から聞いた都合の悪いことをたくさん書き出して、それらの修正、改善を繰り返しているだけ。どういうものを生み出すのかというイメージが全然ない。これは非常に問題です。

ティーチャーからの脱却

──そうした状況の中、教員はどうやって児童生徒を育てるべきか模索しています。

21世紀に入って、社会から求められる人材はガラッと変わりました。21世紀というのは「答えのない時代」です。

1994年に、私はデンマークとフィンランドへ視察に行きました。そこで感じたのは、将来必要とされる人材が劇的に変わってきているということでした。

デンマークでは当時すでに、学校から「ティーチャー」という言葉を追放しようという運動が起こっていました。つまり、答えを「教える」のではなく、答えを「見つける」力の養成にシフトし始めていたのです。

なぜティーチャーという言葉がダメなのかというと、「物事には基本的に答えがあり、それを教える」という前提を感じさせるからです。答えのない時代においては、教員にできるのは「生徒と一緒に答えを見つけること」なのですから。

しかし答えを見つけるといっても、正解があるわけではないので、具体的には、皆でいろいろな答えを出し合って、議論しながら意見を集約し、実行するものを選択するというプロセスになります。このプロセスをリードしていくリーダーシップ力が、これからの教員に求められる重要なスキルなのです。

答えを知っている者がみんなを従えるという「先生」の時代は終わりました。私がBBTを設立したとき、「答えのない大学」「教えない大学」として新聞に広告を出しました。いまだに正確には理解されていないかもしれませんが、われわれはカフェテリアみたいなものなのです。トレーをあげるので、自分で要るもの、要らないものを選んでくださいということです。自分で取らなかったら、あなたは飢え死にしますよ、と。

　つまり、先生が教えるのではなくて、自分で学びたいものを選んで取っていく。自分で学ぶという意識です。BBT では TA（ティーチングアシスタント＝教えるのを手伝う）ではなく「ラーニングアドバイザー（学ぶのを手伝う）」と呼びます。最近になってようやくラーニングアドバイザーという概念が定着してきたのですが、ここまで 10 年かかりましたね。

見えないものを見る力

──そうやって、どんな人材を育成すべきなのでしょうか。

　それを考えるには、今の児童生徒が社会で活躍するタイミングはいつかというタイムラインをイメージすることです。現在 15 歳の生徒が社会で活躍する年齢を 35 歳から 45 歳と仮定すると、20 年後ですよね。20 年後の社会で最も活躍できる人の能力は何かということが、教育目標となる人材要件です。

　その時代にはコンピューターが人間をしのいで「シンギュラリティ」が実現しているかもしれない、という認識を持つ必要もあります。少なくともコンピューターにはできない能力、コンピューターに何をやらせるのかを考えられる人材を養成する必要があります。

　私のクラスのディスカッションでも、「先生、答えはなんですか」と聞いてくる受講生がいます。受験参考書の後ろの答えを見ながら質問を解いていくようなやり方が、日本の学生の頭にこびりついているので、社会に出てからも上司の答えを忖度（そんたく）してしまったり、業界の中で強い会社をまねようとしたりします。

　つまり、今の日本人は自分で答えを作り出すことができないんです。しかし 21 世紀は、自分で答えを作りだせないと、全く通用しないんです。

　だから学校教育でやってもらいたいのは、恐れずに答えのない荒野の大地に入って、答えを自分で見つけていく、あるいは仲間と見つけ

ていく訓練です。とにかく何回もすることです。自分で見つけた答え
を言語化して、みんなでディスカッションするのも、答えのない時代
においては重要な訓練なのです。

——**その20年後の社会で最も活躍できる人の能力とは、何ですか。**

　コロンブスはアメリカ大陸を発見しましたが、私は21世紀を「見え
ない経済大陸」の時代だと本（『新・資本論』東洋経済新報社）に書き
ました。サイバー社会にしても、フィンテックにしても、みんな見え
ないですよね。この見えない経済大陸で「事業を切り出していく能力」、
いわば「見えないものを見る力」が最も重要な能力なのです。

　このような力を育むことを、学校教育の基礎にしてもらいたいので
すが、そうすると、先生が教え切れない。現在の教員に見えないもの
を見る力はないから、その力の身につけ方を教えることはできないで
しょう。

　これが今の学校教育の現実であり、私が最も心配している点です。
21世紀は教育機関そのものが「加害者」になってしまう可能性が高い
のです。これを解決していくためには、あらゆるレベルで、政治家も
官僚も教員も考えなければいけません。

——**では具体的に、教員はどうすればいいのでしょう。**

　難しく考えることはないと思います。日本でうまくいっているとこ
ろを見ればいいんです。音楽、スポーツ、囲碁、将棋などでは、10代
でとんでもない人が出ています。それと料理。今、日本が、世界的に
ものすごく能力を発揮しているのは料理の分野です。日本はミシュラ
ンの三つ星を獲得しているレストランが、世界で一番多いのです。

　料理人も芸術家ですよ、やっぱり。素材を見ながら味を予見する。
昔はレシピというものがあったけれど、今はないんです。料理人の頭
の中にしかない。素材を見て、こんな味を出していこうと考える。こ
れこそ日本が今、世界的に誇れる才能なんですね。

　では世界的に注目されるような才能は、どのような教育で開花した

か。考えれば分かります。学習指導要領に沿った教育ではないのです。

　スポーツも音楽も、料理にしても、レシピのような何かの手順に沿うのではなく、見えないものを「見える化」「聞こえる化」しているわけです。あるいは、親や指導者が専属インストラクターになって、その子の個性を伸ばすための関わり方をしている。

　ですから答えは非常に簡単で、「基本的に全国均一な学習指導要領なんかやめなさい」ということです。

　児童生徒それぞれの才能を見て、「将来どういう人になりたいか」「どんな仕事をしたいか」を聞く。強くなってきたら、その子にふさわしい環境に導いてあげる。よりよい指導者にバトンタッチする。均一な学習指導要領さえなければ、日本人は世界的にすごい才能を出しているんです。

重要なのは情熱

――最後に、教育者として後進に伝えたいことは何ですか。
一番重要なことは、教員自身が、自分が人生で何をやりたいのかを自問自答することです。「給料を稼ぎたい」というのだったら、教員でなくて他の仕事をやった方がいい。

　高梨沙羅選手や羽生結弦選手といった、個人の才能を開花させて世界で活躍している人を想像して、もし自分が彼らのインストラクターになったとしたら、彼らにどう育ってもらいたいと思うか。そのイメージを持てないのなら、教員はやめた方がいい。

　要するに、自分が預かった生徒にこうなってもらいたいというイメージを持てなければ、教科書を棒読みするだけだろうし、その程度の教員はAIに置き換え可能です。

　自分はこの子をこう育てたい」という情熱を注げるかどうかが重要なんです。そのためには児童生徒一人一人と深く語り合い、何を望んでいるのかを理解しないといけません。そういう教員は、AIに置き換

えられない。そうした気持ちがないのだったら、教員をやめてもらいたい。

　大坂なおみ選手は、たった1人のインストラクターによって、あんなに変わりました。教員は教科書の伝達官じゃない。教員の仕事は、人材を育成することです。こういう人を育てたい、この児童生徒の人生に一番いい道は何か、その道を見つけていくことを手伝いたい。そういう気持ちが必要です。

　この気持ちを欠いた教員は、私に言わせれば、大勢の人に大変な迷惑をかけます。その気持ちを自問自答して、「自分はそういう人間になりたい」と思った人にこそ、教員を目指してほしいと思います。

（教育新聞・2020/3/17〈株式会社教育新聞社〉https://www.kyobun.co.jp/close-up/cu20200317/）

第 2 章：変 革
（コロナ禍で加速する国際教育と学び）

［1］ケンブリッジ国際カリキュラムについて

ムサシインターナショナルスクール・トウキョウ理事長、
アオバジャパン・インターナショナルスクール理事　宇野 令一郎

Musashi International School Tokyo は、世界最大の国際カリキュラム・評価開発機関である、ケンブリッジ大学国際教育機構（以下、ケンブリッジ国際）の認定を Primary（初等部）、Secondary（中学・高等部）で得ています。ケンブリッジ国際は、日本ではほとんど知られておらず、日本語で説明したドキュメントもほとんどありません。私たちが国際バカロレア（IB）に取り組み始めた 6 年前も同様で、日本語の IB 文献はほとんどありませんでしたし、IB は日本で知られていませんでした。

私たちは、一人でも多くのグローバル人材を生み出すために、国際教育を日本で普及させるミッションを共有しています。アオバは文部科学省 IB 教育推進コンソーシアムの事務局を務めていますが、この動きと同様、日本において国際教育普及の一環としてケンブリッジ国際を広く普及させるため、ケンブリッジ国際、日本の大学や関係機関に働きかけていきたいと思います。

◎ケンブリッジ国際とは

・世界最大の国際カリキュラム：160 か国、10,000 校、100 万人の学習者が学ぶ。

- 年長（Year 1）から高校（Year 13）までの一貫した国際カリキュラム：Y1 から Y13 まで、段階別に連続した内容。
- 国際的な学習評価システム：生徒は世界中のインターナショナルスクール生が受験する試験を通じて逐次評価とフィードバックを受ける。
- 世界中の大学からの認知：ケンブリッジの資格は、英国大学だけでなく、米国の 650 を超える大学（すべての Ivy リーグを含む）、カナダ、オーストラリア、シンガポールなどの主要な高等教育機関の主要大学を含む、世界中の 1400 を超える大学で認知。日本でも大学の国際化に伴い認知が進む。

　ケンブリッジ大学国際教育機構（Cambridge Assessment International Education, "CAIE"）は、英国ケンブリッジ大学傘下の教育組織であり、世界で最も普及している国際教育プログラム、および、5 〜 19 歳の教育資格を提供する国際教育機関の名称として知られています。ケンブリッジインターナショナルが提供する国際資格は、世界で最も優れた大学を含む、世界中の教育機関によって、大学入学資格として認められています。

　その歴史は大変古く、**最初のケンブリッジ国際試験が行われたのは約 160 年前**です。親組織であるケンブリッジアセスメントは、ケンブリッジ英検などでも知られる英語学習面、英国内レベルの教育、国際教育の開発における深い経験と専門知識を持っています。

　2021 年現在、約 160 ヵ国、10,000 校の学校において、ケンブリッジインターナショナルのプログラムと資格が提供されています。同プログラムは、科目単位で理解を深めるだけでなく、各科目を統合して学際的に理解することも重視します。また、グローバル人材として生きていくために必要な問題解決力、クリティカルシンキング、自立的研究、コラボレーション、そして議論・プレゼンテーションを含む、

より高次元の思考力を身につけるためのプログラムを導入しています。

◎ Cambridge Pathway

　ケンブリッジ国際は、日本の小中高の3段階システムと異なり、以下の4つのステージで構成されます。この4つのステージは一貫教育として連動しており、シームレスに進みます。各ステージは、その前のステージでの学習内容と学習者の成長の上に構築されます。

・Cambridge Primary（5 - 11 歳）
・Cambridge Lower Secondary（11 - 14 歳）
・Cambridge Upper Secondary（14 - 16 歳）
・Cambridge Advanced（16 - 19 歳）
　日本の学校システムとの学年対応比較は以下の通りです。

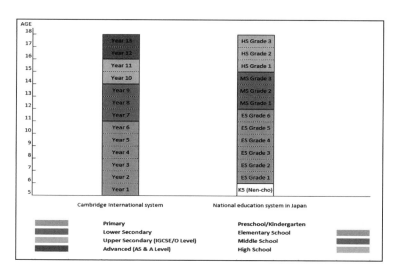

◎ケンブリッジの学習者像

　ケンブリッジのアプローチは、次のような学習者を育成し、その価値観を先生・生徒と共有します。

CONFIDENT（自信）	自分自身および他の人からの情報や考えを扱うことに自信を持つ
RESPONSIBLE（責任）	自分自身に責任があり、他者に共感と敬意を持つ
REFLECTIVE（省察）	自らを振り返り、学習する能力を発達させる
INNOVATIVE（革新）	未知の将来の課題に対応できるよう備える
ENGAGED（参加）	知的かつ社会的に世界に関与し、世界に変化をもたらす準備をする

◎ Cambridge Primary（Year 1 - 6）

　Cambridge Primary は、5 ～ 11 歳の 6 年間のプログラムです。英語、算数、サイエンス、ICT、Global Perspectives、アートなど様々な科目があり、各学校は任意の組み合わせで科目を提供します。プログラムの最後に、Checkpoint という最終評価テストがあり、学習者の長所と短所を含めたフィードバックが提供されます。

　ケンブリッジの主要科目ごとにカリキュラムフレームワークがあり、各フレームワークは 6 つの段階で構成されています。彼らは各年のグループの教育目標を反映し、包括的な学習目標を提供します。

ケンブリッジカリキュラムの特徴

・初等教育の各学年の English、Math、サイエンスで明確な学習目標を設定
・段階を踏んで優れた知識・スキル基盤を形成することに焦点をあてている
・他のカリキュラムと互換性があり、国際的に文化やニーズが異なることを意識して開発
・第一言語が英語ではない学習者にも適することを意識
・学習者のニーズに合ったオプションを提供
・学校に対し、国際的なベンチマークを提供

英語

Cambridge Primary 英語カリキュラムは、3 つのコンテンツ領域（"Strand/ ストランド"）で構成されています。各ストランドはさらに「サブストランド」に分割されます。このフレームワークは、学習における探究型アプローチを促進し、思考スキルを発達させ、知的関心を促します。3 つのストランドとサブストランドは次のとおりです：

ストランド 1：リーディング
・幅広いリーディングスキルを開発する
・書かれていることの明示的な意味を理解できる
・書かれていることの暗黙的な意味を理解していることを示せる
・作者の文体の特徴や文章の構造、言葉の特徴を説明、コメント、分析できる
・書かれていることの視点、目的、テーマ、アイデアを評価する

ストランド2：ライティング
・広範なライティングスキルを開発する
・ジャンル、目的や聴衆にコンテンツや使用レジスタと言語の適切なを選択し、開発
・構造し、セクションまたは段落を使用してコヒーレントなアイデアを整理。
・用途文構造や句読点の範囲を正確に伝えるために特定の効果を意味し作成します。
・正確なスペルを使用してください。

ストランド3：スピーキングとリスニング
　カリキュラムは、学習者が自信を持って効果的にコミュニケーションをとり、さまざまな情報、メディア、文章を楽しく理解し行動するための力を身に付けることに焦点を置きます。あらゆる文化で成功し、異文化理解を促進するように設計されています。

　Cambridge Primary 英語カリキュラムフレームワークは、Cambridge Secondary のような教育の次の段階のための強固な基盤を提供します。

数学

　ケンブリッジの初等数学のカリキュラムは、5つのコンテンツ領域または「ストランド」で構成されています。各ストランドはさらに「サブストランド」に分割されます。

ストランド1．数
・数と数体系
・計算 – 暗算戦略（Mental Strategies）、足し算と引き算、掛け算と割り算

ストランド２．幾何
・形状と幾何学的推論
・位置と動き

ストランド３．測定
・金額（ステージ３まで）
・長さ、質量、容量
・時間
・面積と周囲（ステージ４から）

ストランド４．データ処理
・整理、分類しし、データを表す
・確率（ステージ５から）。

ストランド５．問題解決（Problem Solving）
・数学の問題を解決する技術やスキルを使用する
・（ステージ３から）現実的な問題を解決するために物事を理解し、解決のための戦略を策定。

　最初の４つのコンテンツ領域は、問題解決力を支える基礎となります。４領域で身につけたスキルをベースに問題解決の理解と戦略の応用力を育みます。暗算戦略もストランド１を支える鍵です。

　このカリキュラムは、原理原則、パターン、システム、機能、および関係に焦点を当てており、学習者は数学的知識を応用して、課題解決の総合的な理解力を深めることができます。

　ケンブリッジ初等数学カリキュラムフレームワークは、ケンブリッジ中等教育のような教育の次の段階のための強固な基盤を提供します。

　例として、以下に Year 1（年長レベル）と Year 3（小２）のいくつ

かのストランド例を示します。日本のカリキュラムとやや異なり、スパイラル方式のカリキュラムデザインであることが理解頂けると思います（同じ分野が繰り返し各学年で出現しレベルアップする。掛算割算の基礎中の基礎が年中から始まり毎年登場する等）。

Year1

ストランド：数

・（前方1から100まで、後方に20から0まで）番号順に暗唱。
・読み取りおよび書き込み：0から20まで
・20までの事物について認識し話せる
・ゼロ、1桁の数字から100、および100以上をカウント
・20までの奇数/偶数を認識しカウント
・2桁の数を10の位と1の位で分類
・0から30の範囲内で、任意の数値よりも1または10多いまたは少ない数値を言う。
・2つの数値を比較し大小が分かり、間の数が分かる
・20の数を数直線上に配置。序数を使用
・平等を表すために＝記号を使用
・数の類推
・小さな数字や図形の「半分」「半減」を認識

乗算、除算

・任意の1桁の数字の2倍掛け算
・10までの偶数の半分を計算
・10までの偶数奇数
・2つのイコールのものを理解する

Year 3（日本の小2）

ストランド：番号

・100から200以上の番号を言える
・少なくとも1000までの番号を読み書きする
・2桁3桁の数の、1、数十、数百に戻って数える
・2、3、4、5〜50以上までカウントバック
・3桁の数字で各桁が何を表しているかを理解し、百、十、一単位に分割
・1、10、100の単位の他紙引き
・2桁の数と1桁の数の掛け算
・2桁の繰り上がり繰り下がり
・3桁の倍数
・3桁の数字比較、〈と〉の記号の使用
・3桁の数字の順序
・偶数奇数の「半分」の概念（例：131/2）
・分数の理解：例　1/3、2/3
・1/2、2/4の等価性を認識、4/8、5/10を使用して図を表示
・単純な混合分数を認識：例　11/2と21/4
・数直線上で単純または混合分数を並べる：たとえば、1/2が1の中間にあるという知識を使用。1/2は1/4と3/4の間、等。
・分数を除算に関連付ける
・形状と数の半分、1/3, 3/10の理解

乗算、除算

・半分と倍の関係を理解
・2桁の数字　x　1桁数字
・10〜20の数字　x3,5

サイエンス

サイエンスのカリキュラムは4つのコンテンツ領域または「ストランド」で構成されます。各ストランドはさらに「サブストランド」に分割されます。

科学的探究

- アイデアと証拠
- 調査作業の計画
- 証拠の入手と提示
- 証拠とアプローチの検討

生物学

- 植物
- 環境に生きるもの
- 人と動物

化学

- 材料特性
- 材質変更
- 物質の状態。

物理学

- 力と運動
- 光
- 電気と磁力
- 地球とその先
- 音

科学的探究とは、アイデアの検討、証拠の評価、調査作業の計画、デー

タの記録と分析に関するものです。科学的探究の目的は、生物学、化学、物理学を支え、科学的知識への自信と関心を促すことです。環境への意識と科学の歴史も組み込まれています。

◎ケンブリッジ ICT スターター

Cambridge ICT Starters は、5 ～ 14 歳の学習者に主要な基盤を紹介します。インターネットの安全性などの幅広い問題を含む、テクノロジーが、私たちの日常生活に与える影響を理解できるように設計されています。

情報通信技術（ICT）は、世界のほとんどの地域で学習者の教育経験の一部となっています。それは、読み書き、計算能力と並んで、新しい「リテラシー」と見なされています。

Cambridge ICT Starters は、さまざまな年齢やスキルのレベルに適したモジュールで構成されています。これは、各学習状況や学生の年齢のニーズに応じてプログラムを提供できることを意味します。

ケンブリッジ ICT スターターは、主に以下の知識とスキルを構築します。
・ICT 機器の使用
・ICT を使用したコミュニケーションと ICT 情報の取り扱い
・ICT 機器のコントロール、監視、モデリング

ケンブリッジの ICT スターターは、多くの国の ICT 規格にマッピングされているため、評価されるスキルと知識は、国際的に要求される能力を反映しています。

Cambridge ICT スターターの各ステージを正常に完了すると、修了証明書（Certificate）の発行ができます。

◎ケンブリッジ　グローバルパースペクティブズ

Global Perspectives は、学校のあらゆる段階の生徒が、クリティカルシンキング、調査研究、コラボレーションを含む優れた移転可能なスキルを開発するのを支援する、ユニークなプログラムです。

このプログラムは、グループワーク、セミナー、プロジェクト、世界中の他の学生との共同作業など、今日の学生が学習を楽しむ方法を紹介します。重要なのは、常に複数の視点があるさまざまな地球規模の問題について批判的に考える学生の能力を育成することです。

◎ Cambridge Primary Global Perspectives での教育と学習

Cambridge Primary Global Perspectives は、一連の" Challenge"と呼ばれる課題を通じて教えられています。各 Challenge は、後述の通り学習に刺激的なトピックです。

毎年、学年ごとに 6 つのチャレンジを提供します。チャレンジを既存のレッスンに統合することも、個別に教えることもできます。

各チャレンジは、学習者が自立し、活動的で、生涯学習者になることを奨励します。これには、情報をどこに見つけ、どのように提示するかについて学習者自身で決める、自己決定力活動が含まれます。

また、学習者に個人的、地域的、グローバルな視点を持つことを促すガイダンスも含まれています。

この科目で身につける能力は以下のようなものです：
- 学校と将来の職場に必要なスキルの開発
- 相互関係にあるグローバルな世界の理解

- 自ら読み・聞き・見た情報に基づいて意思決定
- 原因と結果の理解と接続
- コミュニティが直面している問題の解決策を提案
- チームとして共同で目標を達成するためにチームワーク
- さまざまな視点から問題を分析して反映
- 自立した、省察できる学習者になること

Age 13-14	Stage 9	Challenge	Challenge	Challenge	Challenge	Lower Secondary Checkpoint	
Age 12-13	Stage 8	Challenge	Challenge	Challenge	Challenge	Challenge	Challenge
Age 11-12	Stage 7	Challenge	Challenge	Challenge	Challenge	Challenge	Challenge
Age 10-11	Stage 6	Challenge	Challenge	Challenge	Challenge	Primary Checkpoint	
Age 9-10	Stage 5	Challenge	Challenge	Challenge	Challenge	Challenge	Challenge
Age 8-9	Stage 4	Challenge	Challenge	Challenge	Challenge	Challenge	Challenge
Age 7-8	Stage 3	Challenge	Challenge	Challenge	Challenge	Challenge	Challenge
Age 6-7	Stage 2	Challenge	Challenge	Challenge	Challenge	Challenge	Challenge
Age 5-6	Stage 1	Challenge	Challenge	Challenge	Challenge	Challenge	Challenge
		Term		Term		Term	
		Semester			Semester		

カリキュラムフレームワーク

学習目標は、「ストランド」と呼ばれる以下の6つの主要な領域に分かれており、すべてのステージで実行されます：

"Research, Analysis, Evaluation, Reflection, Collaboration and Communication"

研究、分析、評価、考察、コラボレーション、およびコミュニケーション

プログラムのトピック例

Global Perspectives は、ケンブリッジ国際の初等・中等カリキュラムの骨格をなす、English、Math、Science、ICT に続く5つ目の柱として位置づけられています。Musashi International School Tokyo ではこの科目を Year 1（日本でいう年長生）から中学校まで設定しています。年におおよそ6つのトピックに取組むので、小学部の6年間では約30

の地球上で起きている課題に取組むことになります。科目名の通り、21世紀のグローバルリーダーにふさわしい「国際的視野」を、小さい時から養っていくのです。

　トピック例は以下のようなもので、生徒の学年に応じ好奇心や関心を持つよう選定されます。

- Rich and Poor
- Keeping the peace
- Values and beliefs
- Water, food, and farming
- Working with other countries
- The world of work
- The right to learn
- Using energy
- Improving communication
- Reduce, reuse, recycle
- Sharing planet Earth
- Computers and technology

　トピック例を見ると、分野が非常に多岐にわたっていることが分かります。トピックにより理科のようにも、社会のようにも、更には道徳科目のようにも見えます。然し大事なことは、このGlobal Perspectives科目自体が教科横断的なアプローチをとる科目であるということです。特定分野の知識の習得が目的ではありません。「自分の頭で考え、リサーチし、先生や生徒同士でコミュニケーションとコラボレーションを行いながら、問題発見・解決を行う」スキルの習得が目的です。

　トピック自体は先生から与えられますが、学習プロセスにおいては生徒は各自の問題意識を深める機会が与えられ、それぞれが探究の旅にでます。同時にお互いのコラボレーションのプロセスも組み込まれますので、グループ学習において、自分たちで役割分担も行い、チームワークの中で責任をもって役割を果たすことも求められます。

　このプロセスで、仲間と意見が衝突したり、サボるお友達が出てきたりといったことも典型的に起きます。保護者はやきもきすることもありますが、小学生であっても、出来るだけ自分たちで解決するように促します。これも将来の問題解決者となるために、大事な学びのプロセスだからです。

　科目がどのように進むのかをイメージ頂くために、Musashi International School Tokyo の Year 4（日本の小学 3 年生）の一つ目のトピック" Rich and Poor - My Chocolate Bar" を採り上げてみます。

　生徒達はまず、お店でチョコレートバーを購入し、価格、裏面記載事項、デザイン、味等を観察しつつ、探究の旅を開始します。

　Musashi International School Tokyo の生徒は、Year 4 の段階では、ICT 科目を通じてキーボードタイピング、インターネットでのリサーチ方法をすでに身につけています。English 科目を通じては、説得力のある文章の書き方やレポートの書き方、更には分かりやすく人に伝えるためのカラフルなポスターを作成する方法を身につけています。また Science を通じて、植物の成長についての基礎知識も理解しています。

　そのような、他科目で得た知識やスキルをベースに、生徒達は共にディスカッションしながら、チョコレートバーを題材にした答えの無い探究をする過程で、以下のようなことを学んで行きます。

- 世界の地理：チョコレートの原料のカカオ豆は中南米やアフリカ
  で採取され、ヨーロッパ・米国や日本などの先進国でチョコレー
  トとして消費されている
- 植物の生育：チョコレートの原料は何か。カカオの木はどのよう
  に育つのか
- 製造・加工までのプロセス：収穫・乾燥・袋詰め・運搬・チョコレー
  ト工場やお店ので製造・加工
- 輸出と輸入：国をまたぐモノの移動
- 働く人たち：カカオを伐採する人、運搬する人、取引するビジネ
  スパーソン、製造する人、売る人

　この科目での先生の役割は、ティーチャーというよりファシリテー
ターです。生徒同士のオープンなディスカッションを促します。一方
で、小学校レベルであれば、生徒達が上手に探究を深められるよう、
学習するためのリソースを、授業中、そしてオンラインキャンパス上
で提供します。様々なオンライン上の記事や動画を紹介していくので、
リンク一つで飛ぶことができるオンラインキャンパスの存在は大変有
用です。

　チョコレートバーをめぐる探究の旅を続けるうちに、生徒達はカカ
オを伐採する人たちの中には、家族から強制的に離れさせられ、学校
に通えず、スズメの涙ほどの給料でひたすらカカオを伐採している、
自分たちと年齢があまり変わらない児童がいることに気づきます。

　ほとんどの 8-9 歳の生徒にとっては、世界で生じている貧困問題を
知るのは初めてで、しかも身近で大好きなチョコレートをめぐって起
きていることでもあり、衝撃を感じるようです。このような課題の発
見の次のプロセスは、課題の解決です。もっともこの点は、以前からチョ
コレートをめぐる児童労働の問題があるにもかかわらず、現在まで世

界の叡智で解決できていないのですから、Year 4（小3）の子どもたちには難しいことです。

　それでも生徒たちは解決の探究の旅を始め、フェアトレードの取組みに出会ったり、この過程で解決に貢献している人に話を聞きに行くフィールドワーク（課外学習）に出たりしていきます。

　チョコレートに限らず、私達が普段消費しているものの背後には、世界の貧困問題があることにも気づいていきます。最後に、生徒達は学んだこと、自分たちができること、もっと知りたいこと、学びを通じて行動していきたいこと、等をまとめます。

　Global Perspectives の学びは、生徒達の生涯にわたる、将来のグローバルリーダーとしての行動変容を促すでしょう。単に、何かを買う時の思慮と選択が変わるだけではありません。世界に存在する様々な不公平を無視せず直視する人、助けを求める人や恵まれない人に対し、自分ができることを考え行動できる人、自分だけではなく皆が幸せになる世界にしたいと行動出来る人、そのような価値観を有する大人になるための基礎が育まれます。生徒の中には、いつか彼らのためにボランティアとしてできることをしたい、というノブレスオブリージュ的なことを話す生徒もいます。

　上記は年間6つのチャレンジ課題のうちの1事例です。同様に、"Reduce, reuse, recycle" のチャレンジを経た後の低学年の生徒たちには、紙を無駄にしない、手を洗ったらしっかり蛇口を閉める、ごみを分別する、お互いに注意しあう、といった行動変容が学内でも見られます。

　以上、Global Perspectives は、世界のどこでも、誰とでも接するとき

に大事な国際的視野を育む、非常に特徴的なカリキュラムであること
がご理解いただけたかと思います。

　国際バカロレア校であるアオバジャパン・インターナショナルス
クールの理事の視点でケンブリッジ国際の Global Perspectives を見る
と、国際バカロレア（IB）初等プログラムである PYP（Primary Years
Programme）との類似点が多いと感じます。

　重要な違いは、IB では科目別の時間割というよりも、1 日のうち多
くの時間がテーマ別の探究の時間で構成される一方で、ケンブリッジ
の Global Perspectives は、5 つの科目の柱の一つとして位置づけられ
ていることです。

　ここまで、ケンブリッジ国際の小中学部課程の五つの柱である、
English、Math、Science、ICT、Global Perspectives について紹介ました。
グローバルリーダーを育成する国際カリキュラムとして、この 5 つの
柱は、どれが欠けても充分ではない密接な関係にあります。真のグロー
バルリーダーになるためには、英語ができるだけ、算数・理科などの
知識を有しているだけでは不十分です。

　コンピュータになぞらえるなら、特定分野を学習する Math、Science
などはアプリケーションで、Global Perspectives が育む思考力・国際的
視野・コラボレーションスキルは、将来世界のどこで、そしてどの分
野で働くとしても普遍的に必要な根幹＝ OS（Operation System）とい
えるでしょう。English と ICT は、コンピューターが OS とアプリケーショ
ンを基盤としてアウトプットを出す際の言語としてこれら 2 つを使う
ように、生徒が 21 世紀においてそれぞれの夢の実現のために、クリエ
イティブなアウトプットを生むための必須スキルといえるでしょう。

評価

この科目では、学習者のスキルがどのように発達するかを評価する方法は複数あります。各チャレンジは、進捗状況を確認し、フィードバックを提供し、学習者と次のステップについて話し合ういくつかの機会を提供します。

最終学年のアセスメントである"チェックポイント"は、初等教育の最終年に完了するように設計されたチームプロジェクトを通じて評価されます。学習者はチームとして作業し、プログラムのトピックの1つに関連する一連のアクションを計画して実行します。プロジェクトは教師によってマークされ、ケンブリッジインターナショナルによって管理されます。

学習者はチーム（3人または4人の学習者）として、改善、変更、または解決したいプログラムトピックの1つに関連する地域の問題を特定します。彼らは、焦点を当てるべき1つの問題を特定するために、これらの問題に関するさまざまなグローバルの地域の視点を探ります。チームは選択した問題について調査を行い、ローカルの問題を改善、変更、または解決するための目標を設定するために使用します。その後、チームは、この目標を達成する可能性が高い行動方針に同意します。この一連の行動は、エビデンスをもって伝える必要があります。チームが一連のアクションを実装すると、各チームの学習者は協力してチームレポートを完成させます。各学習者は、個別に書かれた個人的な省察も実施します。

◎ Cambridge Primary の評価基準

多くの学校では、Cambridge Primary テストを使用して、学習者の成

績を評価し、進捗状況を学習者と保護者に報告しています。Cambridge Primary は、国際的にベンチマークされたテストを使用することで、保護者が受け取ったフィードバックにさらなる信頼を与えています。

テストオプションには、Cambridge Primary Progression Tests（Year 3,4,5,6）と Cambridge Primary Checkpoint の 2 つがあります。

ケンブリッジプライマリープログレッションテスト：

- ・Year3、4、5 および 6 の各学習者のパフォーマンスに関する詳細な情報を提供
- ・英語、数学、科学で利用可能
- ・教師が学習者や保護者に体系的なフィードバックを提供できるようにする
- ・教師が個人やグループの長所と短所を比較できるようにする
- ・各学校の教師によって採点
- ・明確なガイダンス、基準、マークスキームが Cambridge から提供

教師はテスト結果を使用して詳細なレポートを作成し、生徒の長所と短所を強調し、教育と学習に的を絞った改善を加えることができます。学習者の結果は、クラス、学校、または世界中の他の学校と比較でき、年ごとに比較できます。

ケンブリッジプライマリチェックポイント：

- ●Primary での学習を評価し、Secondary の準備となる資料を生徒と保護者に提供
- ●英語、数学と科学で利用
- ● ストは、国際的なベンチマークを提供するために、Cambridge 本体によって採点
- ●学習者の成績と診断が示されたフィードバックレポートが出る。学校全体、および世界中の全受験者の中での、各学習者の状況が示される

◎ Cambridge Lower Secondary（Year 7 - 9）

　3年間のプログラムで、生徒は通常11〜14歳です。Cambridge Primary の内容と連続性を持った各科目について、プログラムの最後に Checkpoint テストがあります。英語・数学・サイエンスは Cambridge Inernational による採点で、Global Perspectives はリサーチレポートを学校教員が採点し、更にケンブリッジがモデレートする慎重なプロセスを踏みます。

　ケンブリッジ・ロウワー・セカンダリーは、English, Maths, Science, ICT、Global Perspectives を、初等教育の継続として学習者のスキルと理解を養います。

評価手法

　Cambridge が開発する国際的にベンチマークされたテストを使用し、保護者はフィードバックを受け取ります。2つの評価があります。

- Cambridge Lower Secondary Progression Tests（marked in school）
- Cambridge Lower Secondary Checkpoint（marked by Cambridge examiners）.

Cambridge Lower Secondary Progression Tests
- English, Maths, Science の知識、スキル、および理解の有効な内部評価を提供
- 毎年、Year 7、8、9の各学習者のパフォーマンスに関する詳細情報を提供
- 教師が学習者と保護者に体系的なフィードバックを提供できるようにする

- 教師が個人やグループの長所と短所を比較できるようにする
- 学校の教師によって採点
- 明確なガイダンス、標準、マークスキームが付属

Cambridge Lower Secondary Checkpoint

各分野における長所と短所について包括的なフィードバックを提供することで、学習者を支援する診断テストです。通常、Cambridge Lower Secondary の終了時に実施されます。テストはケンブリッジでマークされ、各学習者は診断レポートを受け取ります。Cambridge Global Perspectives については教師によってマークされ、ケンブリッジで管理されます。

◎ Cambridge Upper Secondary（IGCSE / O Level）（Year 10 -11）

ケンブリッジ IGCSE とは？

Cambridge Upper Secondary では、14 歳から 16 歳向けに IGCSE と O Level の 2 種類の 2 年間プログラムがあります。ここではより広く知られる IGCSE について説明します。IGCSE は、International General Certificate of Secondary Education の略です。

IGCSE は日本では全くと言ってよいほど知名度がありません。しかし、海外の人と IGCSE について話すと実感するかもしれませんが、IGCSE は、中等教育分野において世界でもっともよく知られ、実際に、最も人気のある国際資格です。2019 年現在、IGCSE は 150 か国以上、世界中の 4800 以上の学校で採用されています。生徒はこの過程で 5 〜 8 科目を勉強します。ケンブリッジの IGCSE 評価の成績は国際的に

認められています。

　世界中の多くの大学では、入学要件を満たすためにケンブリッジ IGCSE とケンブリッジインターナショナル A レベルの組み合わせが必要です。主要な米国およびカナダの大学にはケンブリッジインターナショナル AS & A レベルが必要ですが、米国およびカナダの一部の大学では、C グレード以上のケンブリッジ IGCSE が 5 つある学生を受け入れます。

　学習者は、www.cie.org.uk / recognition でオンラインデータベースを検索することにより、ケンブリッジ大学の資格を受け入れている世界中の大学を簡単に見つけることができます。

◎ Cambridge Advanced（AS & A Level）

　Cambridge Advanced は 16 〜 19 歳を対象としたプログラムで、1 年間プログラムとして AS Level（Advanced Subsidiary）、2 年間プログラムとして A Level があります。1951 年に開発されて以降、約 70 年の長い歴史を有したプログラムです。

　学び方としては、1）1 年間かけて AS（別名、「A1」）のみ取得、2）AS（A1）資格を取得し、2 年目に A Level（A2）を取得、3）2 年間の学習を経て A Level を取得、の選択肢があります。

　AS / A Level では必修科目というものはなく、生徒は AS レベル科目を 4 科目程度、A レベルでは 3 科目程度を履修します。

　試験は年に 2 回で、6 月と 11 月です。評価結果はそれぞれ 8 月と 1 月に出ます。A レベルの評価は合格 / 不合格といった 2 択ではなく、

スコアによる評価です。A レベルは⬛⬛⬛⬛ンから E（最低合格ライン）で評価されます。AS は A から⬛⬛⬛されます。トップ大学に入学するには、A* 〜 A の成績を得ることが必要です。

　以上、Cambridge International の 4 段階を概観しました。Cambridge International はイギリスのケンブリッジ大学発祥ではありますが、International の名の通り、特定国の価値観の影響を受けないよう配慮されており、世界中の学生が学ぶことを考慮したカリキュラムとなっています。

世界中でチャンスをつかむ

　何千人もの学習者が毎年ケンブリッジインターナショナル AS & A レベルを使用して、英国、米国、オーストラリア、カナダ、ニュージーランドを含む世界中の主要な大学に進学しています。
　英国のすべての大学と、450 を超える米国の大学（ハーバード、MIT、スタンフォード、エールなど）が、ケンブリッジインターナショ

国際バカロレア（IB）との比較

Number of Schools	IB	Cambridge
Total（as of 2019）	6,747	10,000+
By Country/Region（as of Feb 2020）		
- UK	128	3,155
- US	1,859	373
- Japan	76	11
- China（mainland）	175	286
- Hong Kong	66	28
- Singapore	36	34
- Thailand	25	71
- Malaysia	36	176
- India	176	496

Comparison on the Market of IB and Cambridge based on Number of Schools

ナル A レベルの資格を受け入れています。米国やカナダでは、厳選された ケンブリッジインターナショナル A レベルの科目の成績が良ければ、最長 1 年間の大学コースの単位を取得できます。

　学習者は、www.cie.org.uk / recognition でオンラインデータベースを検索することにより、世界中のどの大学がケンブリッジの資格を受け入れているかを簡単に見つけることができます。世界中のグローバル企業は、Cambridge International AS & A Levels を学業成績の信頼できる記録として認識しています。

　全体的に、ケンブリッジの学校の数は、IB の学校の数を上回っています。ただし、国に基づいて調べた場合、分布はかなり不均一です。英国を起源とするケンブリッジは、IB と比較して英国ではるかに広く使用されていることは不思議なことではありません。一方、米国の場合、その差は小さいものの、逆になっています。アジアにおいては国によって状況は異なります。日本や香港にはケンブリッジの学校よりも IB の学校が多くありますが、中国、タイ、マレーシア、インドでは、ケンブリッジの学校数が上回っています。

　2 つのプログラムの最終的な資格である IBDP と A レベルの要件と教育の焦点を比較すると、これらが 2 つのかなり異なるプログラムであることが良くわかります。

	IBDP	A Levels
必須要件	・文系・理系双方の科目を含む 6 分野の科目を選択、プラス、 ・4,000 文字以上の Extended Essay ・Theory of Knowledge ・CAS（ボランティアワーク）	必修科目無し通常 3 - 4 科目を選択

Data collected from the homepages of IB and Cambridge：
IB：https：//www.ibo.org/
Cambridge：https：//www.cambridgeinternational.org/

生徒にとっては Cambridge システムは、IB と比べ柔軟性が高いといえそうです。必修科目が無いため、理系の生徒は数学、化学、物理に集中し、文系生徒は同様に文系科目の3科目に集中できます。さらに、修了試験のタイミングも、必ずしも同一タイミングである必要はありません。

最終的にどちらが良い、悪いということはなく、一人一人の生徒の将来の方向性や、試験の特徴との向き不向きもあるかと思います。

◎インターナショナルスクールからの大学進学

インターナショナルスクールからの大学進学は、日本の大学に進む場合と、海外の大学に進む場合に大別されます。ほとんどのインターナショナルスクールは、日本の学校教育法の第1条に掲げられている教育施設（日本の幼稚園・小学校・中学校・高等学校など）には該当しません。従って、文部科学省の認定がない代わりに、生徒は高校卒業資格として、学校として日本及び世界中の教育機関から入学を認められるために、国際認証を得ることが必要になります。

国際認証は、学校としての認証（たとえば Council of International Schools,〟CIS"）と、ムサシインターナショナルスクールトウキョウが有するケンブリッジ国際や国際バカロレア等のカリキュラム認証があります。

◎日本の大学への進学

インターナショナルスクール生が大学を受験する際、一般的にはほとんどの学生が9月入試枠を目指して受験します。しかし、日本の大学では多くのコースが4月始まりなので、中には4月入試枠で受験する学生もいます。

　文部科学省は、CIS 認定の学校の卒業者と同様に、ケンブリッジインターナショナルの A レベル保有の学生も大学入学資格を有するとしています。

　また、A レベルの成績を用いて直接出願することを認める英語で行うプログラムを提供している大学もあります。

◎海外の大学への入学

　ケンブリッジインターナショナルのデータベースでも世界中の大学におけるケンブリッジインターナショナル資格の受入状況の詳細を知ることができます。

イギリス：

　ケンブリッジインターナショナルの AS&A レベルは、英国の学生が受講する AS&A レベルと同等であり、英国の A レベルと同じ方法で英国の大学への入学が認められています。ほとんどの大学において、入学するためには少なくとも 3 つの A レベルの資格を持っていることが条件となっています。さらに、受験をするためには、多くのコースで特定の科目における特定の成績が求められます。

アメリカ：

　すべてのアイビーリーグの大学を含む、アメリカ中の大学がケンブリッジの資格を持つ学生を歓迎しています。大学では一般的に入学のために最低限の AS または A レベルが必要ですが、いくつかの大学は入学要件を満たすものとしてケンブリッジ IGCSE を受け入れています。一部の教育機関および資格認定評価者は、グレード C 以上のパスを持つ 5 つのケンブリッジ IGCSE 資格を、高校の卒業証書と同等であると

見なすことがあります。

カナダ：

カナダ全土の大学がケンブリッジの資格を持つ学生を歓迎しています。少なくとも4つのASレベルおよび／または少なくとも2つのAレベルの資格を持っている場合は、カナダの大学に申し込む資格があります。より競争力のあるコースでは、より高い成績で追加の資格が必要になる場合があります。大学は、入学要件を満たすためにCambridge IGCSEを受け入れることができます。また高等部の取得科目単位が大学の単位として認められることもあります。

シンガポール：

シンガポールは、特にアジア太平洋地域の学生にとって、高等教育の重要な目的地であり続けています。ケンブリッジの資格はシンガポールで広く受け入れられています。

オーストラリア：

オーストラリア中の大学はケンブリッジ学生からの入学を歓迎しています。ケンブリッジインターナショナルAレベルは、学部課程への直接入学で広く受け入れられています。

参考：

1. Cambridge Assessment International Education, University recognition worldwide：Guide to the recognition and acceptance of Cambridge qualifications, July 2018

2. www.cambridgeinternational.org

［2］ 起業家、時を選ばず
〜「コロナショック」から「コロナチャンス」へ〜

株式会社ＡＢＳ代表取締役社長　伊藤泰史

1．コロナショック

　2020年旧正月、ひとつの妖怪が世界中を浮遊し始めた――新型コロナウイルスという20nmという目には見えない妖怪だ。妖怪は知らず知らずのうちに日本の空と海の港経由で飛行機や船から日本国内に入ってきた。最初は、一隻、国民のお茶の間の話題を独占した船があった。ダイヤモンドプリンセス号だ。その頃は、中国の武漢で発生したらしい。発病すると肺炎みたいな症状となる。空気感染か、飛沫感染か？クルーズ船は、"浮かぶ武漢だ"と揶揄されていた。このようにお茶の間の話題にしている間は良かったが、瞬く間に、世界はパンデミックに見舞われてしまった。2021年1月末現在、世界中で1億人以上が感染し、200万人以上が亡くなっている。新型コロナウイルスという妖怪と人類との戦いというか、いつウイルスに感染してもおかしくないといった妖怪と隣り合わせのニューノーマルな生活が始まった。

　人は悲しいかな何か大きな不幸な代償がないと、今までの延長線上と違った方向に思いきり舵を切れないものだ。多くの場合、変化の切っ掛けとなるのは第1次世界大戦や第2次世界大戦のような戦争だったりするのだ。戦争の真っただ中では国の戦略的な予算配分もあり、飛躍的に進歩する分野が軍事技術分野に偏ってしまいがちである。しか

しながら、新型コロナウイルス感染症の場合、世界は戦争状態のような対立関係ではなく、妖怪という共通の敵に対し、WHOなどの国際機関、各国の医療機関をはじめ、経済界、政治家などがパンデミックの危機から人類を守るというように同じ方向を向いている。各国の政治を司るリーダーによって温度差はあるが、連絡、協力など協調体制ができてきている。新型コロナウイルスの感染の広がりはボーダーレスであり、瞬く間に世界中に広がった。新型コロナウイルス感染症に対する解決策も世界中で同時に進行しており、各国の感染者数の増減を日々確認しながら、治療方法、感染拡大防止策など成功した例、上手くいかなかった例を世界中で共有して試行錯誤を繰り返している。

　このような中、新型コロナウイルスによる感染に対する自己防衛のために、いわゆるアフターコロナ、ウィズコロナとして普通の生活面において、マスクの着用、アルコール消毒、リモートワーク、オンライン会議、オンライン飲み会、外食の自粛、巣ごもり生活など世界中で同じような生活様式をとるようになってきている。不要不急の外出自粛による運動不足や体重増加傾向など健康面の課題や、人と面と向かって会うことがなくなってきたことに起因する孤独感、疎外感、不安感など精神面の課題を抱え、その解決策のために同じような行動をとるようになってきている。感染した人は入院生活を余儀なくされ、その周りの濃厚接触者も隔離されるなど不便を強いられるが、そうでない人は通常の社会活動、経済活動を続けていかなくてはいけない。但し、その活動は今までの延長線上にはなく、過去の習慣と決別し、新しい行動を起こしてゆくことが必要になる。個人的には、生活習慣を変える、新しいことに挑戦するためにリカレント教育を受けるなど、そして、企業活動においては企業文化や業務プロセスなどを大きく変えていくチャンスなのである。不謹慎な言い方であることは百も承知ではあるが、起業家、アントレプレナーにとって、世界中で大きく変化しようとしていることから多くの事業機会が生まれてくるので、こ

れからの時代はコロナショックではなく、コロナチャンスの時代である。そこで、ウィズコロナ時代によりニーズが高まるのではないかと思われる事業でかつ日本でも事業機会があるかもしれないシリコンバレー発のベンチャー企業を紹介する。いずれも難しい技術的なものはなく、アイデア勝負のサービスで、アイデアを形にすると資金も調達できるといったいい例である。皆さんも一緒にビジネスモデルについて考えてみてはいかがだろうか。

2．会社紹介

　ウィズコロナの時代は、ニューノーマルな生活習慣に慣れてくると次のような人が増えてくることが想定される。
　・健康面で不安な人：リモートワークをはじめ不要不急の外出自粛やロックアウトによって、運動不足になり、健康面で不安を抱えている。
　・精神的に不安定な人：人と会うことが極端に少なくなり精神的に負荷がかかっている。
　・本を読みたい人：在宅勤務で通勤時間がほぼ無くなり、その浮いた時間で本が読めるようになった。
　・旅行好きな人：コロナが落ち着いたら旅行にいきたい。
　これらのような人向きのアプリが既にあるので以下に、心身健全関連（Aaptiv,calm）,読書関連（Summly、blinkist）、旅行関連（spotsetter）ベンチャー企業とサービスを紹介する。

(1) Aaptiv

●フィットネスアプリとは？
　フィットネスアプリとは、いつでもどこでも使用できるフィットネス用のスマホ向けアプリを指します。2015 年時点で iPhone とアンドロイド向けフィットネスアプリの数は、16 万 5 千もあったとのことで

す。つまり、この分野に注目した起業家は5年前の時点でも沢山いたということです。

　主な機能は、ユーザーにトレーニングのゴールを設定させ、様々なワークアウトのプログラムを提供し、消費カロリーや走った距離などのデータを記録し、達成度をSNSでシェアするなどとなります。目標、ユーザーのアスリートとしてのレベル、流したい音楽、好みのインストラクター、プログラムの時間など、プログラムは、ユーザーによって異なります。全てが、その個人の好みに合っている、つまりパーソナライズされていることが、フィットネスアプリの人気の秘訣のようです。アップルウォッチなどのウェアラブルデバイスから心拍数などの記録を収集する、ゲームのような要素を持つ、友人や家族と競わせることを動機づけにしているなど、アプリにより特徴があるそうです。近年の流れで、当然、動画によるアプリが多いそうです。しかし、折角の動画もモデルなどの美女インストラクターのアプリは、見られているだけで使われていない、という声もあるとのことです。

　米国では、イヤー・バッズと呼ばれる耳に挿入するタイプのイヤフォンが急速に普及し、音楽だけでなく、音声アプリが、さらなる成長を見込まれているとのことです。

　実際、フィットネスアプリは新型コロナウイルス流行前から、急成長していました。

　下記の記事によると、2015年には僅か500億円だった市場が、2019年には3500億円となっています。

　2019年から2026年の間には、21.1％成長する（ https：//a.k3r.jp/abs01/184B96597J68 ）予測もあります。

　1万円ほどするジムの月会費や毎回1500円等のジムでのパーソナルトレーニングの受講料も必要なく、コロナの心配もなく、今日からでも始められるのです。

　フィットネスアプリは、アマゾンのようなECサイトやネットフリックスなどの映画・TV番組配信サービスと並び、ポストコロナの勝ち組

の一つとなることでしょう。

●アプティブの起業に必要だったのは、やる気のない人をやる気にさせられるというアイデアだけ！

アプティブは、2015年にニューヨークで設立された、音声でインストラクターが指導してくれるフィットネスアプリです。本音声アプリはアップルストアのオーディオフィットネスアプリ部門では、トップとなったり、上位にランキングされています。本フィットネスアプリのポイントは、動画ではなく、音声のみのクラスだということです。

動画をダウンロードし、iPadなどで見ながら行うワークアウトは、面倒で長続きしない。

それよりも、好きな音楽を聞きながら、インストラクターの叱咤激励で目標を到達できるという発想から来ているそうです。無理なく続けられる軽めの糖質制限ダイエットが流行しているのと、似たようなアイデアといえるのではないでしょうか。

設立者は、トップ10MBAの一つであるペンシルバニア大学ウォートン校でMBAを取得し、リーマン・ブラザーズでヘルスケア分野のM&Aを担当。その後はヘッジファンドやマッキンゼーのコンサルタントとして経験を積んだアガウォル氏です。

カリフォルニア・ベイエリアではなく、ニューヨーク市で設立されたのは、彼のバックグラウンドによるからでしょう。以前は太り気味だったという彼は、現在ではシェイプアップされた肉体を手に入れ、自ら広告塔としての役割を果たしています。

そして、特筆すべきは、このアプティブにはベイエリアのスタートアップのような、特許や技術も何もないのです。

ただのアイデアだけ、ということです。誰もが、どこにいても健康を保てる、ということを目標としています。トレッドミルや欧米で人気のエリプティカル（腕を押してステップを踏む運動器具）などのようにジムでも、ランニングやウォーキングのように屋外でも、そして

ヨガやストレッチのように屋内でも、アプティブを活用できるのです。アメリカはご存知のように肥満率が高く、3大疾患の中でも糖尿病が特に患者数が多いので、フィットネスは必須となっています。ジムにでかけたり、ランニングに行くのはもちろん、家でストレッチをするのも面倒な方が多いわけです。そうした方々を対象に、インストラクターの声による励ましで、とりあえずフィットネスを始めてみようという動機づけの獲得を目指しているとのことです。

　汗まみれの人に囲まれて、インストラクターに叫ばれながら、いやいやレッスンを行う必要はありません。自分のペースで、好きな場所で行えます。

　運動が習慣となっているアスリートタイプの方よりも、フィットネスが苦手な方の間で、口コミで人気が広まりました。

　「これだったら私でもできているから、やってみれば？」という感じだそうです。ジムでのワークアウトや屋外でのランニングとなると、全く長続きしたという人の話を聞いたことはありません。それどころか、テレワークで家にいてさえも、せっかく購入したエアロバイクに乗るどころか、ヨガマットでストレッチを行うことも稀です。このようなフィットネスへの熱意がない人間には、なにか背中を押してくれるものが必要なのです。

　それこそが、まさにアプティブということなのでしょう。

　アプティブの沿革、その機能と特徴について解説していきます。アプティブ（Aaptiv）について、その沿革とアプリの特徴と機能を見ていきましょう。

●アプティブの沿革

　アプティブは2015年の創業当初、スカイフィット（Skayfit）というブランド名を使用していました。

　ランニング、トレッドミルなど4つのカテゴリの30のクラスでスタートしました。

　当時の価格設定は1週間のお試し期間があり、月額9.99ドルまたは年額99ドルのサブスクリプション型の収益モデルが採用されました。

　399ドルのライフタイム会員制度もありました。会員数は僅か2000人でした。

　2016年には瞑想などの健康分野に進出し、アプティブ（Aaptiv）にブランド名を変更します。そして、シードファンディングで160万ドル、約1億7千万円を調達しました。

　アプティブはこの資金を元に、一気に事業を拡大します。

　2017年にはランニング、ウォーキング、エリプティカル、トレンドミル、ハーフとフルマラソン、階段昇降、減量トレーニング、ストレッチ、ローイング（ボートを漕ぐフィットネス器具）などの分野からなる2200クラスとなり、毎週50クラスが追加される規模となりました。

　プログラムが増えたことから、課金額は月額15ドル、年額100ドルへと値上げしました。

　トレーナーは僅か16人だそうなので、利益がいかに増えたのかは想像に難くありません。

　会員数も20万人と、2年前と比較すると100倍に急成長を遂げたのです。

　ユーザーの1か月の平均受講クラスも、4から7へと増えたそうです。

　ロイヤリティが上昇したことが伺えます。

　会員数増加は、口コミに加え、フェイスブックやインスタなどへのターゲット広告であり、安い費用で会員数を急増させたことがVCに高く評価されたそうです。

　VC経験があり、ウォートンMBAであり、元コンサルだった創業者の経験や才能によるものが大きいと思われます。

　年間収入も約20億円となりました。

　こうした背景から、Insight Venture主導のシリーズAで約13億円、

1か月後のBでは約27億円の調達に成功します。

　2018年には、ボクシング、インドア・サイクリング、ヨガ、マタニティー・トレーニングが追加されました。

　さらに、アマゾンやディズニー、ボーズなどの大手企業から約21億円を調達します。

　クラスを増やすためと、世界進出のために、資金調達を続けていくとのことでした。

　2019年には、データ・サイエンティストの人数を増やしながら3年間かけて開発してきた Aaptive Coach という、食習慣やライフスタイルも提案する AI プログラムも導入しました。

　20か国で2200万回再生されてきたデータを元に、開発されたそうです。

　2020年現在は2500クラスで、毎週40の新クラスが追加されているそうです。

　2017年と比べると、ほとんど差はないようです。

●アプティブの機能と特徴とは？

　アプティブでは、ユーザーに3つの質問をします。

　まずは、目的です。

　減量なのか、速く走りたいのか、筋肉を強化したいのか、ストレスをなくしたいのかの4つから選択できます。

　次は、ユーザーのフィットネスレベルについてです。

　運動をほとんどしていない、たまにしている、定期的にしている、アスリートタイプの4つから選択できます。

　最後は、場所です。

　屋外、屋内、ジムの3つから選択します。

　プログラムと一緒に流れる音楽も、ダンス、ヒップホップ、インディー

大前研一の発信が丸ごと読める唯一の会員制月刊情報誌「大前研一通信」

お申込の流れ

1 本申込書の記入 → **2 事務局までご連絡**（FAX／郵送） → **3 料金のお支払い** Eメール、郵送等でご案内いたします → **購読開始のご案内**（大前通信）

1 2 申込書の記入・事務局へのご連絡

大前通信年間購読料・会員区分

会員区分	年間購読料		
	個人	5冊セット	海外個人
Ⓐ PDF会員	**9,524**円	**28,572**円	**9,524**円
Ⓑ 送付会員	**9,524**円	**28,572**円	**11,905**円
Ⓒ PDF＋送付会員	**11,429**円	**34,286**円	**13,810**円

	サービス内容／購読会員種別	Ⓐ PDF会員	Ⓑ 送付会員	Ⓒ PDF＋送付会員
大前研一通信（お届け方法）	PDF版ダウンロード5日発行にて専用URLにUP	○		○
	印刷物10日発行でお届け（A4版40〜48頁）		○	○
AirCampus®	大前研一通信記事紹介閲覧（PDFデータでの速報）	○		○
	フォーラム参加（ディスカッション参加・閲覧）	○	○	○
	ニュース機能（RSSリーダーで情報を入手）	○	○	○

お申込名

お名前	フリガナ		性別	男・女	メールアドレス	
			生年月日	19　年　月　日	大前通信会員番号	※大前通信会員の方はご記入ください。

ご住所 〒□□□-□□□□

TEL　　　　　　　　　FAX

3 料金のお支払い

Eメール、郵送等でご案内いたします。

お申込内容

☐ Ⓑ送付会員

※ ☐ 5冊セット・海外会員をご希望の方
　（資料を送付いたします）

**いますぐ、この用紙にご記入のうえ、
下記までFAXしてください。**

FAX ▶ 03-3265-1381

〒102-0084
東京都千代田区二番町3番地麹町スクエア1F
TEL：0120-146086
株式会社ビジネス・ブレークスルー　大前研一通信

/ オルタナティブ、ポップなど、細かく選ぶことができます。

　難易度は3段階、時間は10分単位で選択できます。

　最も重要なポイントですが、好みのインストラクターを選ぶことができます。

　いつ、どこで、何を、どのくらいの負荷・距離・カロリー消費で、どのインストラクターで、どの音楽で、どのくらいの時間行うなど、全てご自分の好みの通りにできるのです。
　1週間も続けると、お気に入りのインストラクターやプログラムが見つかるそうです。
　ワークアウトの記録はトラッキングでき、お気に入りやTo doリスト機能もあるので、好きなインストラクターによる必要なプログラムのみを行えるようになるわけです。
　上記の多くのジャンルのクラスの中でも、ローイング・クラスが特に人気ということですが、これは、欧米人は大胸筋を誇るからです。イギリスでも、このローイング・マシーンや大胸筋を強化するマシーンは人気で、いつも順番待ちでした。
　人気のジャンルはよく変わるので、フレキシブルに対応するとのことです。

　上記のAaptive Coachのようなアルゴリズムにも力を入れていますが、あくまでも補助的な目的だそうで削減したそうですが、やはりインストラクターによるプログラムが基本とのことです。
　そして、アプティブで最も重要なのは、SNS機能だそうです。
　ある方が大嫌いなワークアウトをこのアプティブで開始した際に、「今日から、ようやくワークアウトを始められたわ」と投稿したところ、数百のいいねと数十のコメントをもらい、勇気づけられたとのこ

とです。

　SNS 大国のアメリカならではのエピソードですが、一人ではない、みんなと繋がっていて頑張れるという意識は、継続には最も必要なのではないでしょうか。

　長所ばかりのアプティブですが、欠点としては、例えばヨガなどで間違えたポーズをしていたとしても、それを指摘してくれるインストラクターがいないということでした。

　そこでアプティブは、まず200以上の基本の動きを表した画像をウェブページに掲載しました。これでも、何も無いよりはましでした。
　そして、遂に2020年には、バレエ、ヨガ、ピラティス、ストレッチなどの分野で40のビデオ講義を公開したのです。
　こうした特定の分野においては、今後は動画によるレッスンが増えてくるのではと予想されます。

　日本での起業では米国で流行したものを真似することが多いので、日本でもこのアプティブに似ているアプリがあるようです。
　ある程度の資金調達にも成功しているようです。
　なにか差別化できるアイデアがある方はこの分野を起業の対象とするのもいいかもしれません。

⑵ Calm

●何の技術も特許ももたないカームとは？
　カームは、アップルの「2017年の今年のアプリ」に選ばれ、一気に注目されるようになった瞑想用アプリです。
　2018年には、米国で最も成長の早いプライベート企業にも選出されています。

東洋思想に根ざした、外面ではなく、内面の幸福の追求を目指しています。

その中でも特に、マインドフルネスと呼ばれる、今この瞬間の精神状態に注意を向けるという、欧米ではビートルズの時代から流行している瞑想法が基盤となっています。

将来の心配事から離れ、現在の瞬間に目を向けようというものです。

2001年に起きた9.11同時多発テロや2008年のリーマンショック以降、欧米では人々が不安を抱え、絆を求める傾向にあることは、読者の方もご存知のことだと思います。

メンタルヘルスがブームとなっているのです。

また、ストレスに起因する不眠は、今や世界的問題となっています。

こうした状況下で、心から不安を取り除き、睡眠を助けるこのアプリが人気となっています。

マインドフルネスを習慣化し、精神的幸福を獲得しつつ、睡眠を助けることが目標となっています。

カームは、2012年にカリフォルニア州サンフランシスコで設立されました。

2014年には、瞑想インストラクターでもある作家が、マインドフルネス部門のトップとなり、現在もカームアプリのメインのナレーターの一人として活躍しています。

2019年時点で、従業員は僅か50人であり、英語版のみしかありません。

しかし、年間利用料約6,500円のアプリを購入するユーザーが増え続け、2017年には売上が約24億円、現在は約80億円となっている。

CEOのチュー氏によると、2017年には約1.6億円をエンジェルから

調達しました。

　2019年には著名VCから約130億円を調達、市場価値も10億ドル（約1,100億円）となり、ユニコーン企業の仲間入りを果たしました。

　そして、このカームは他のベイエリアのスタートアップと異なり、何の特筆すべき特許や技術もありません。

　ただ数人のナレーターを抱えているだけです。

●カーム（Calm）の機能とは

　みなさんの中でも特に女性の方は、ホットヨガなどのパワーヨガ系ではなく、様々な難しいポーズを行うことで初級・中級・上級と分けているゆっくりとしたリズムで行うヨガについてはご存知だと思います。

　そうしたヨガのセッションの最後に、シャバ・アーサナ（屍のポーズ）と呼ばれるポーズが行われます。

　ライトが消された中、ヒーリング音楽とインストラクターの優しい言葉の響きの中で、全身の力を抜き、フロアに横たわっていると、いつの間にか寝てしまったという経験がお有りではないでしょうか？

　カームとは、まさにこのシャバ・アーサナ（屍のポーズ）をアプリ化したものと考えていただくと、分かりやすいと思います。

　アプリの内容は、瞑想と睡眠補助のプログラムに大別されますが、その差はあまりありません。

　どちらも心地よい音楽や虫の音、ナレーターの声が響く中、その指示の下に姿勢を楽にします。

　目を閉じて、呼吸に集中して、自分の心の状態に目を向けて、リラックスします。

　そしてある感情が沸き起こったら水の流れのように受け流し、額か

ら首、胸から脚、つま先まで上から下へ、緊張と不安を取り除いていくという数十分のセッションから構成されています。

瞑想のプログラムは、初心者用、不安、睡眠、ストレス、仕事、自己ケア、心の平安、感情などと大別されていますが、上記のように大差はありあせん。

同じプログラムが上記のカテゴリーに重複して入っています。

セッションが7つで1週間のプログラムとなるもの（7日間の睡眠、7日間の不安の取り除き方、7日間のストレスマネージメント、7日間の幸福など）もありますが、基本は「心をより軽やかに」、「絶望を取り除く」、「人生にイエスという」、「睡眠に入る」などタイトルの異なるプログラムとなります。

それぞれのプログラムは10分、20分など時間を選ぶことができます。

例えば、初心者向けには、瞑想の仕方、アイスランドの人気バンドのシガー・ロスの音楽を用いたセッション、大学生向けセッションなど15ほどのプログラムがあります。

不安では、3分から20分まで5つの長さが用意された愛の育み方、12のセッションからなる他人との付き合い方、イベント前に自信をもつための瞑想法など30ほどのプログラムが用意されています。

睡眠では、様々なリラックス技術を用いた15ほどのプログラムがあります。

それに対して、睡眠のカテゴリーは数百のベッドタイムストーリーから構成されています。

　カテゴリーはオススメ、子供用、瞑想、汽車、フィクション、ノンフィクション、音楽、自然、音楽による風景などに分かれています。

　心地よい声を持つ厳選された様々な人種の老若男女によるイギリス英語のナレーターが数人選ばれ、30分ほどの寝物語が用意されています。

　これが大人にも人気で、童心に戻り眠ることができるようです。

　子供向けには、魔法が登場する子供用のファンタジー等が揃っているので、子供に本を読んであげる必要もないのかもしれません。

　汽車では、世界中の汽車旅を楽しむことができます。

　例えば、「The Far North Line」はスコットランドのハイランドの西部の旅が楽しめます。

　バグパイプの音をプロローグに、かつてのスコットランドの汽車での旅の話が語られます。

　かつてのスコットランドの姿に思いを馳せながら眠りにつくことができるでしょう。

　音楽による風景は、窓にかかる雨の音、神秘的な谷、森の静けさ、海の波音、キャンプファイヤーなど26の自然界の音からなります。

　ここではご自分の好きな音を見つけ、旅行気分を味わいながら眠りにつけます。

　NBAのトップスターであるレブロン・ジェイムズによるメンタルトレーニング講座もあり、心を鍛えることができます。

　どう我慢するか、今の環境をどう受け入れるかなど毎日異なったテーマのコラムも用意されています。

　カームのような睡眠補助兼瞑想アプリは、日本人にも必要だと思い

ます。

　すでに日本でもこういったアプリが提供されていますので一度試してみてはいかがでしょうか。

(3) Summly

　サムリー（Summly）について、将来の起業家・アントレプレナーであるみなさんと共に見ていきましょう。

　起業家・アントレプレナー注目！サムリー（Summly）はイギリスのティーン・エイジャーが開発！

　サムリー（Summly）は、当時10代だったダロイシオ少年が開発したウェブサイトの要約アプリです。名前は英語で要約を意味するsummaryから取られたと思われます。サムリー（Summly）は2013年にアップルストアに登場すると、一気に人気となります。そして同年、ヤフーに約30億円で買収されると、17歳だった少年が大金を獲得したとして、当時のイギリスやアメリカではこの話題が非常にホットとなりました。

　ダロイシオ少年は2011年、15歳の時に、ネット上の膨大な量の文章を要約できれば便利なのではと考えつきます。既にプログラミング技術を取得していたダロイシオ少年は、同年メールやブログを要約するアルゴリズム「Trimit（トリミット）」を開発しました。このTrimit（トリミット）は、アップルストアでも人気となりました。そして、香港の投資家からの約3億円の出資を受け、ダロイシオ少年はウェブ業界では、知る人ぞ知る存在となったのです。

　こうして潤沢な資金を獲得したことにより、ダロイシオ少年は新し

いプロジェクトの開発をスムーズに進めることができるようになりました。そして、Trimit（トリミット）の技術をニュースに転用し、同年ニュース要約アプリ「サムリー（Summly）」を立ち上げたのです。

現代はネットの普及により、ニュースが溢れています。すべてのニュースを読むことなど、不可能でしょう。こうした人々の期待に応えたのが、サムリー（Summly）というわけです。

起業を目標とする閲覧者のみなさんも、こうした単純な疑問の中にビジネス・チャンスがあるのだと学んで頂ければと思います。しかも、彼のアイデアは、まさしく世の中の役に立つものだったわけです！

サムリー（Summly）は、最初は要約の質があまり高くないのが問題でした。しかし、潤沢な資金を使用し、自然言語処理技術のプロであるイスラエル人のチームを雇ったことで、解決できたとのことです。やはり言語認識、翻訳や要約には、自然言語処理技術が不可欠のようです。

2012 年には、オノ・ヨーコ、俳優のアシュトン・カッチャーやスティーブン・フライなどから、約 1 億円の追加出資を受けました。そして、2013 年のヤフーへの売却へと至ったわけです。同時にヤフーにプロダクト・マネジャーとして参加しました。

起業・スタートアップを目指す方必見！ サムリー（Summly）の機能とは？

サムリー（Summly）が注目されたのは、ニュース記事の要約アプリとしてでした。あらゆるニュースが要約され、スマート・フォンで閲覧できるのです。要約のポイントとなるのが、単語の使用頻度や文脈

における位置です。そこから、どの単語が重要なのかを判断するのです。被リンク数の数などからそのサイトの重要性を判断するグーグルのページ・ランクと似た機能だと感じました。

そのため、規則正しく構成された記事については上手く要約できるが、ばらばらな規則性のない文章は苦手ということになるようです。文章力が低く一貫性のない、何を言っているかわからないようなキュレーション・サイトの記事などは、残念ながらサムリー（Summly）も対応してくれないということになります。

現在では珍しくないかもしれないですが、学習機能も備え、進化していくという特徴も備えています。

また、サムリー（Summly）の特徴は、その機能の優秀性だけではありません。若い世代かつファッション好きでデザインに興味を持つダロイシオ少年ならではの、デザイン性の高さも注目されました。

サムリー（Summly）で要約を読んで興味を持った場合には、オリジナルのニュース原稿に簡単に移動も可能となっています。引用と同じ構造となっており、他社のようにニュース提供会社との揉め事は起きていないということです。

起業家・アントレプレナー注目！ サムリー（Summly）の可能性とダロイシオ少年のその後は？

しかし、将来のアントレプレナーを目指すシニア・女性・若年層のみなさんであれば、ニュースは見出しを見ればある程度の内容を把握できる、と考える方も多いのではないでしょうか？

　それに対して、ウェブサイト、特に内容の濃いキュレーション・サイトでない専門家によるサイトや研究論文を、見出しだけで理解することなど不可能でしょう。サムリー（Summly）の技術を使用すれば、こうしたことも可能になるというのが、検索エンジンにおいてグーグルの後塵を拝しているヤフーの考えだったのではないでしょうか？

　2014 年に、当時ヤフーのプロダクト・マネジャーだったダロイシオ氏は、ヤフー・ニュース・ダイジェストというアプリをローンチしました。サムリー（Summly）をさらに進化させ、その日の重要ニュースの要約を 1 日に 2 回提供しました。特徴としては、1. 自動要約に加えて手動でも校正されている 2. 地図やグラフや引用やウィキペディアが挿入されている、という点でした。このアプリは業界で高く評価され、2014 年のアップルのデザイン・アワードを受賞しました。

　これで責任を果たしたと思ったのか、2015 年にダロイシオ氏はヤフーを退職しました。そして同年、Sphere Knowledge という会社を共同で設立しました。Sphere Knowledge については、公開情報ではありませんが、知識をラインのようなメッセンジャーで共有するサービスだと言われています。2019 年には約 30 億円を調達したそうで、既に24 歳となったダロイシオ氏への期待は大きいようです。
　海外では少年少女にしてミリオネアーというのも夢ではありません。未来の起業家・アントレプレナーである女性・シニア・若年層の方も、世の中を便利にしたいという気持ちがあれば、ダロイシオ氏のようになることも可能なのです。しかし、それにはプログラミングがいかに重要かということも、ご理解いただけたのではと思います。ホリエモンこと堀江氏も、東大在学時にプログラマーとしてインターネットと出会い、起業したのです。

⑷ Blinkist

●ブリンキスト（Blinkist）とは？

ブリンキストは、サムリーと同じく、要約アプリです。

正式名称は Blinks Labs Gmbh で、その名の通りドイツの会社です。

４人の仲間により、ベルリンで 2012 年に創業されました。

社名は瞬きという意味である Blink から取られました。

現在ドイツ語と英語に対応しており、600 万人のユーザーを抱えているそうです。

共同創業者のセイム氏によると、読みたい本をすべて試してみることはできないという世の中の不満を解消するために、設立されたそうです。

本を買うべきかどうかを判断する材料になる、というのが目標だそうです。

世の中の役に立つために起業したこの姿勢を、起業を目指す方はぜひ見習っていただきたいです。

時価総額は明らかにされていませんが、現在までに約 38 億円を調達しており、イグジットも IPO も目指せる立派な成功企業といえます。

ブリンキストが対象にしているのは、ノンフィクション作品です。

ヘビーユーザー向けであり、他の言語への拡大も目指しています。

最新ベストセラーを中心に、毎月 40 本程度の要約をローンチしているそうです。

ブリンキストの要約は、読むことも、聞くこともできます。

ブリンクスと呼ばれる 10 〜 15 個の要約から構成されています。

15分で全部を読むまたは聞くことができるということを売りにしています。

結論である最後のブリンクスだけ読めば、さらに時間を節約することができます。

●ブリンキストにとってアマゾンは競合か？

アマゾンには、ユーザーの5つ星の評価と数行のコメントが並んでいます。

一見、競合のように見えますが、本を売ることが目的のアマゾンと異なり、ブリンキストは、本を買うべきかの判断を与えるというものです。

従って、どちらかというと補完関係にあり、ブリンキストを通じてアマゾンで書籍や電子書籍を購買するケースも多いようです。

確かにアマゾンの評価は一般ユーザーのものであり、数行に過ぎないので、あまり当てにならないことがあります。

このため、アマゾンは競合とは見られていないようです。

実際、半分以上のユーザーが、ブリンキストのおかげで、より多くの本を読むことができたとアンケートに答えているそうです。

●ブリンキストの特徴と可能性とは？

ブリンキストの特徴は、人の手によるものだということです。

以前解説したサムリーのように、翻訳や要約などのアプリは、AIを活用したものがほとんどです。

実際にこうしたアプリをお使いになられた方ならお分かりでしょうが、残念ながらその機能は十分とはいえません。

ブリンキストは、編集者のネットワークを活用し、あえて人の力による要約にこだわっているのです。

　結果として、信頼できる高品質な要約という評価を得たことが、成功の要因だと思われます。

　また、ブリンキストには、要約だけでなく概要、該当書籍の意味や言わんとする事、そして作者紹介もあります。
　該当書籍についての十分な情報が手に入るといっても、過言ではありません。
　さらにアマゾンのレコメンド機能のような、類似本の紹介もしてくれます。

　無料版では、毎日オススメの1冊の要約だけを読むことができます。
　有料版（1週間が無料のお試し期間で、その後は年間だと $79.99、月毎だと $19.99）では、あらゆるカテゴリーの 2,500 冊以上の要約をすべて読むことができます。
　そのジャンルは子育て、教育などの生活に役立つものもありますが、自己啓発、コミュニケーション、マネジメント、キャリア育成、モチベーション向上、マーケティング、投資などビジネス向けのものが多いです。
　無駄な時間など一切ないという、多忙で有能なビジネスマン向けのアプリといえるかもしれません。

　ブリンキストのビジネスモデルは、上述のような有料会員モデルです。
　当然ながらユーザーが使い続けてくれないと収入が発生しません。
　そのため、セイム氏は、どの本を追加すればよいのか見極めが重要なのだとコメントしています。
　しかし、良質の編集者ネットワークがあるため、それほど大きな失敗はないそうです。

　近年は、やはりオーディオ版の人気が高いようです。

　残念ながらブリンキストには日本語版がありません。

　ノンフィクション本にはネイティブでないと分からない単語が頻発するので、日本人が聞くには難しいかもしれません。

　速度調整機能があるので、まずは文字版で単語を調べてから聞けば、英語の勉強になるかもしれませんが。

　日本語版は、残念ながらまだ時間がかかるのではないかと推測されます。

　ブリンキストのようなビジネスモデルならば、模倣も可能ではないでしょうか?

　将来起業をお考えの方は、これに何かを肉付けしてみて起業するのもありかもしれません。

⑸ スポットセッター (Spotsetter)

　アップルが買収した企業の一つであるスポットセッター(Spotsetter)について見ていきましょう。

● スポットセッターの概要

　スポットセッターは、2011 年にカリフォルニア州サンフランシスコに設立されたソーシャル検索エンジンを提供する企業です。

　ビッグデータにより、どこに遊びに行くべきかを提案してくれるのですが、当初は見知らぬ人ではなく友人のデータのみを集めることによる信頼感が他社との差別化要因でした。

　2012 年にはアクセラレーターから約 1000 万円を調達し、10 週間の養育を受けました。

　その後のシードファンディングで約 1.5 億円を集めることができました。

　起業を目指すみなさんも、アクセラレーターから認められることが重要だとご理解いただけると思います。

　そして、起業後わずか3年の2014年にアップルに買収されたのですが、買収価格は明らかにされていません。

　買収時の従業員数なども不明です。

　リンクトインのように、どの友人がどの分野のエキスパートであるかを、カテゴリ毎にタグ付けできます。

　ただし、ビジネス分野ではなく、Aさんはコーヒー、Bさんはお鮨、Cさんは美術などお出かけ用に分類するわけです。

　地図上をスクロールすると、友人が行った場所、さらにその中でも推薦している場所を自分の専用の地図上に表示できるのです。

　現地に行ったことがないキュレーターや旅の達人でもない方が推薦しているスポットやお店に行くよりも、はるかに失敗が少なくなります。

　例えば日本でも地方を旅行する際には、県庁所在地でも食べログなどの情報も未だに少ない都市が多く、どの店を予約するか苦労した経験があると思います。

　もし、グルメの友人が実際に現地を訪れ、推薦している飲食店があれば迷わずそのお店に行けばよくなります。

　このアイデアはFoursquareというアプリがすでに行っていたそうですが、特許によりフェイスブックやツイッターの情報を吸い上げることができるそうです。

　友人からの情報だけでなく、食べログの元となったYelpやトリップアドバイザーなどの口コミやミシュランやザガートなどの専門家の批評を、30ものサイトから取得しているとのことです。

　観光、レストラン、ホテルなど旅行に関わる全ての情報が1つのサ

イトから手に入ります。

　海外旅行では、ミシュランなどでレストランは探せるので、確実に美味しい店を探すことができます。
　しかし、ホテルの予約はホテル予約サイト、観光は国や地域のサイトを使用するので、少なくとも3つのサイトが必要になります。
　スポットセッターのようなサイトが特に日本にあれば、今より充実した旅行ができるようになるはずです。

●アップルがスポットセッターを買収した理由と買収後の動向は？

　まずは、以下のデータが挙げられます。
　買収前の2013年時点で、既に500万人の個人データ、4000万のサイトからのデータを収集し、100万箇所の情報を提供していたとのことです。
　場所、寺社仏閣などのキーワード、レストランなどのカテゴリを入れると、レビューサイトからの情報に加え友人のコメントが提示されるそうです。

　アップルはHopstop、Embarkなどの公共交通機関マップアプリやLocationalyという企業データ提供企業をアップルマップのために買収していますが、こうした企業がマップの改善のために買われたのに対し、スポットセッターはGoogleマップにない機能を追加するための買収だった点が特徴です。

　2人のファウンダーのうちの1人がGoogleマップのエンジニアだったということもあるようですが、それにはないレコメンド機能が魅力だったようです。

　そして、買収後はいつものように、独自アプリは閉鎖され、アンド

ロイドでは使えなくなりました。

　そして買収から5年後の2019年に、ようやく旅行の目的地や気になる場所をお気に入りとして追加してリストを作り友人と共有できるコレクション機能が、iOS13で開始されました。

　日本では食べログやトリップアドバイザーの口コミや情報が掲載されます。

　旅行に行く際に、同行する家族や恋人、友人と共有することで、行きたい名所、寺社仏閣、お城、レストラン、お土産屋などをお互いに入れていって事前に打ち合わせができます。

　旅行前から楽しめますし、充実した旅行になるでしょう。レストランの電話番号や住所などの情報も表示されるので、店の予約や向かう際に確認することもできます。

　しかし、残念ながら、スポットセッターの機能は一部しか導入されていません。

　Googoleマップに劣っていると言われているマップ自体の精度を上げることのプライオリティが高くなっているようです。医療においてもパーソナライズ化の必要が叫ばれていますが、検索の分野でも同様です。

●●●●●●●●●●●●●●●●●●●●●●●●●●●●●●●●●●●●●●

［3］これからのグローバルコミュニケーション力アップの鍵──「情報を収集する力」、「まとめる力」、「発信する力」を磨くこと！

BBT GLOBAL / BBT オンライン英会話

◎今日の社会で、情報を得ること・伝えることとは

　現在グローバル規模で様々な潮流が起こっています。我々は今まで以上に日本の国内だけでなく、日本以外のあらゆる国々、地球規模、宇宙規模の視点で物事を見て、情報をキャッチし、その情報に対してどう理解するか、行動するか、日々判断を迫られて生きているといっても過言ではありません。そのような社会の中では、ビジネスのシーンではもちろんのこと、毎日の日常生活にいたってもグローバルコミュニケーション力を身に付けているかどうかということが、それぞれの個人はもちろん、コミュニティ、企業、社会にとっても、ますます大きな鍵となってくることでしょう。

　まずは、情報を得るという行為。みなさんは世界で起こっていることを知るためにはどうしているでしょうか。少し前までは、日本の新聞で世界のニュースとして取り上げられていることを読み、それで知ることが多かったでしょうか。もしくは、日本のテレビ番組で特集されたり報道されたことが最も知るべきニュースである、として捉えられていたかもしれません。さらには、そこで専門家などの方がコメン

テーターとして出演されていた場合、その方がおっしゃっている主張や指摘などをそのまま受けて、そういうものだ、とか、こうあるべき、とまで思ってしまっていたかもしれません。とても限られた情報ソースであったり、そもそも知りたいことの情報も得られていなかったかもしれません。その後、インターネットが普及してからは世界のニュースをその国のメディアから直接知り得るようになりました。また自分から知りたい情報を取りにいくこともできるようになりました。そういった変化のおかげで得られる情報の深さや範囲の広さが格段に大きくなったといえると思います。それだけでなく、以前のようにだれかを介して情報を選択させられたり、だれかの意見が含まれた情報ではなく、できるだけ起きた地点に近い情報とつながることができるようになりました。他国のトップのメッセージ、有名人のつぶやき、そしてさらには、世界的に大きく取り上げられるようなニュースばかりでなく、自分にとっては身近ではなかった街でのちょっとした出来事まで瞬時に知ることができるようになりました。そういった意味でグローバルなコミュニケーションというものは多くの人にとってとても日常に行われているものとなりました。

　次に情報を共有したり、意見を伝える、という行為。これについても様変わりしたと思われます。インターネットがあったとしてもここまで SNS で個人が発信する世の中になる前までは、アウトプットする場面についても、得た情報を例えば家庭内で話す、もしくはもう少し広げたとしても職場内でその話題をすることくらいでしか広げることはしていなかったでしょう。そして、そのように共有をしたときであっても、比較的近しい間柄の相手、少なくとも自分を知っている相手に対しての共有となるため、完全に否定されることや反論を受けることも少なかったかもしれませんし、住んでいる世界、環境が全く異なる人からの思ってもいない意見を聞くこともあまりなかったかと思います。そこから一変して、今日では個人が全世界とつながるような SNS に発信することができるようになりました。ひとたびネット上につぶ

やくと、あっという間に不特定多数の目にさらされてしまうこととなります。そうなると、自分の考えというものを今の自身が置かれている環境下で感じたものをそのまま率直に言ったものが、別の環境にいる人からするととても冷たいものに聞こえてしまったり、誤解を与えてしまったり、という思わぬ事態が発生します。昨今、著名な方であっても、この変化、つまり、これまでのように目の前にいる相手だけからの反応を想定していればよかったアウトプットの行為が、実は、際限なく様々な環境や視点の方に届いてしまうアウトプットの行為となっている、といった変化に感覚的についていけていないために、誤解を与えたり、思わぬ反論が来たりすることで炎上するようなことが多くなってきているのもこれらの変化によることが大きいのではないでしょうか。

つまりインプット【情報を得ること】もアウトプット【意見を共有・伝えること】も、インターネット、SNSと密着して生活している以上、実はすでにグローバルな環境下で行っているといえると思います。そこで一方向であれ、双方向であれ、知らず知らずのうちに「グローバルコミュニケーション」という行為は行っているのだと考えられます。

◎理想のグローバルコミュニケーション力を考える

では一体、このような社会の中で、グローバルコミュニケーション力とは何を指すのでしょうか。また、その力を十分に身に付けた状態というのは、どのようなことができる状態を指すのでしょうか。改めて定義をしてみたいと思います。

ビジネス・ブレークスルーが提供するPEGL（実践ビジネス英語講座）、BBTオンライン英会話では、グローバルな環境やビジネスなどのシーンにおいて、「語学としての英語力」ということだけではなく、文化・慣習などの違いを理解したうえで『意思・思考・感情の伝達』を重視したコミュニケーションができる力」と位置づけています。

先に記した通り、情報を得るときにおいても発信をするときにおいても、文化や慣習の違いをよく理解すること、少なくとも理解しようとする気持ち、が大切になってきます。つまり、単に英語や相手の国の言語で会話のキャッチボールをすることだけがゴールではなく、国際社会の中で自身のアイデンティティーを保ちながら、『意思・思考・感情』の伝達ができること、そしてさらに、その伝達の行為を基に、相手から共感を得たり、相手と協働したり、時には何かを依頼したり、個人やチーム、企業、など、多くの人に影響を与え、何かを動かすことがゴールであると考えています。

◎グローバルコミュニケ─ション力を身に付けるトレーニング

一言で「グローバルコミュニケーション力」といっても、分解するといくつかの要素や力が含まれていることがわかります。

○語学力
相手が話していることを聞き取れること。
相手に言葉という記号で伝えることができること。
一旦英語の語学力と定義をしたいと思います。

○情報収集力とインプットする力（相手の言っていること、書かれていることを理解する力）
必要な情報を相手の環境・文化・立場を理解しながらキャッチすること、またその情報を正しく理解・認識できること。

○アウトプットする力
相手に対して『意思・思考・感情』を伝達すること。
これらを総合的に行うには、インプットとアウトプットの行為の間に、自身の発信したいことは何か、という最も重要な問いに向き合い、

導き出すことができる必要があります。この自分自身の意見をまとめる力というものも大変重要な力、要素となります。これらの力を身に付ける、レベルを上げるためには、日々トレーニングをすることが重要となります。

　なにかを“学ぶ”というときに、どうしてもインプットの割合が多くなってしまいがちですが、実はこの“まとめる”と“アウトプットする”ことのトレーニングを重視するべきなのです。というのも、まとめる、アウトプットする、をしようとすると、必然的にインプットを行う必要が出てくるので、インプットを意識するよりもアウトプットをすることを意識したほうが、より有用なインプットができるようになるともいえるからです。息をたくさん吸うことを目的としたトレーニングの際に、実は息を吐く、ことを意識させたりしますよね。なぜならそれは息を吐くと自然に息を吸う行為につながるからです。それと少し似ています。

　これらはただイメージを持つだけではなく身に付けるためには、実際にトレーニングしないと身には付きにくく、何度も繰り返し実践してみることが大切です。

　そうすることで、自分にとってどのようなインプットが必要で、どのようにアウトプットしたいのか、などが見えてくるからです。

　この度、主に世界でそれぞれの方がご自身の英語力起こっているニュースの中で、国際社会、ビジネス社会の中で話題になるであろうテーマについて、それぞれの方がご自身の英語力・ボキャブラリーを駆使してそのテーマに関連する情報をご自身の力で収集をし、理解をし、意見を伝えるためのまとめを行い、相手に伝える、という一連のコミュニケーション力をトレーニングするレッスンコースを新たに開講いたしました。ここでは最新のニュースのテーマだけが与えられており、情報のソースも設定をしておりません。これは、実際にもし何かのテーマについて会話をする際、「この○○のサイトの△△のこの記事に書かれていることなんだけどどう思う?」などとどこかのメディ

ア記事をわざわざ示して会話をすることはほとんどなく、「○○」についてどう思う？とか、そこに情報ソースはなくとも一部だけの情報だけ切り取られて議論がなされていることもあり、そういったときには、そのソースだけをそのまま事実として受け止めてよいかどうか、信憑性の確認含めて自分で行う必要があるからです。何かをアウトプットする際には、理想では、様々な情報を収集し、アウトプットするに値するだけの意見にまとめるまでの情報収集もとても大切な一つの力であると考えるからです。

ですので、そこからがレッスンの一要素と考えており、若干漠然としたテーマに対して、自身のアウトプットのための情報収集、インプットトレーニングを行っていただくことをコース設計として含めております。

ここでそのコースの紹介をしたいと思います。コミュニケーションに正解はありません。常にトレーニングが必要です。ぜひこのコースで力のレベルアップをしていただけたら幸いです。

―――――

「BBT オンライン英会話」に、時事問題やビジネスの問題について英語で意見を述べるトレーニングコース　「News Topics Course（ニューストピックスコース）」開講！

―――――

コース概要

―――――

グローバルでのコミュニケーション機会が増える中、ビジネスパーソンは、世界情勢・最新ビジネス動向・イノベーションなど社会の様々な変化を捉え、その動きに対して考える力と自分の考えを英語で伝える力が求められます。そこで BBT オンライン英会話は、様々な世の中のトピックについて常にアンテナを張り英語で意見を発信するための実践トレーニングができる機会を提供したいと考え、新たなコースを

開講する運びとなりました。

　今回新たに開講する「News Topics Course」は、以下の３つの能力・スキルを向上させる目的で設計されています。国内はもちろんグローバルビジネスにおいても必須のスキルですので、多くのビジネスパーソンに学んで頂き、グローバルで結果の出せる英語力を培って頂けると幸いです。

●情報収集力：有益な情報を素早く抜き取るスキル

●文章構成力：内容をロジカルに筋道を立てて考えるスキル

●伝達力：自分の考えを相手に届けるためのスキル

【News Topics Course 受講の流れ】

《受講準備》

①提示されたトピック（ニューストピック）から１つを選択します。赤字のトピックは、毎月更新されます。

　1. World News 例）Global Conflict

　2. Business 例）The Impact of Unemployment

　3. Technology / Science 例）*AI Future *Artificial Intelligence

　4. Environment / Energy / Health 例）SDGs, Coronavirus（COVID-19）

　5. Entertainment / Culture / Sports 例）Player Retirement

②選択したトピックに関連する英語のニュース記事を事前に読み、そのニュース記事に対しての意見となぜそう思うのかなどを考え、英語で話せるように準備しておきます。

《受講スタート》

③講師に自身の選定したトピックを伝えます。

④選定したトピックに関して自身が読んだニュース記事の要約を講師に話します。講師から適宜質問が入るのでそれに答えることで、スピーキングの瞬発力を鍛えます。

⑤ニュース記事に対する自身の意見を述べます。なぜそう思ったのかなど講師から深く質問が入ります。講師との対話は、外国人と

お互いの考えを深く理解し合う練習になります。

《受講修了後》

⑥講師からのフィードバックを確認します。スピーキングスキルや
コミュニケーション力の定性評価に加え、レッスン内容の丁寧な
フィードバックにより自身の強み・弱みを知ることができます。

※本コースに限り、注意事項に同意いただけた場合、レッスンの内
容を録音することができます。レッスン後の復習や自身の発音の
確認に利用することができます。

―――――

コース詳細

―――――

受講期間：6ヶ月

オンライン英会話：1回25分

結果の出せるビジネス英語に特化した
BBTオンライン英会話4つのコース

①Business Course（ビジネスコース）
日常的なビジネスシーンで求められる英語表現・ニュアンスを学ぶコース

②Management Course（マネジメントコース）
マネジャーが直面する課題の解決に必要な英語表現・ニュアンスを学ぶコース

③Business Free Conversation Course
（ビジネスフリーカンバセーションコース）
ビジネスに直結した場面や外国人に日本を説明する場面での会話力を上げるコース

④ [new] News Topics Course（ニューストピックスコース）
時事問題やビジネスの問題について英語で意見を述べるトレーニングができるコース

BBTオンライン英会話では、ご自身の目的に合わせて4つのコース
をご自由に受けていただけます。

① Business Course（ビジネスコース）

日常的なビジネスシーンでの英会話力が着実に身に付くビジネス
コース。実際の様々なビジネスシーンで学ぶため、どのような状況
にも対応できる英語力を養います。

状況を説明する・電話応答などの簡単な会話からプレゼン・交渉など高度な会話まで、レベルに応じて様々なシチュエーションで、その場に相応しい英語表現を学んでいきます。定期的に復習レッスンが行われるカリキュラムは学習した内容の定着を促し、英語を話すことに対する自信を育てます。

【想定シーン】

会議・電話応答・プレゼン・商談など一般的なビジネスシーン

［こんな方におすすめ］

・ビジネス上の一般的な英会話を習得したい方
・我流の英会話をビジネス向けに矯正したい方
・人材開発のため、社員全体のレベルアップを図りたい人事担当者
・英語で業務を行うことに苦労を感じている方
・ビジネスで英語を使う機会がこれから増えそうな方
・英語を使うポジションへの転職・異動を希望する方
・一般的な素養としてビジネス英語力を高めたい方
・初心者から上級者まで（TOEIC® の点数は不問）

【難易度の目安】

TOEIC　～ 900 点

☆ご自身に合ったレベルでの受講と昇級テストで着実にステップアップいただけます！

② Management Course（マネジメントコース）

経営・マネジメント上の難題を解決するのに必要な、コミュニケーションスキルを学ぶマネジメントコース。マネージャーが直面する様々な課題を英語で解決し、論理やニュアンスを備えた戦略的なコミュニケーションスキルを体得します。

人員削減・予算交渉・危機対応などマネジメント力の問われるシチュエーションで、課題（タスク）を解決するための英語表現やニュアンスを学んでいきます。ゴールに到達するまで複数のロールプレ

イが盛り込まれた実践的カリキュラムは、英語力と思考力の双方を効率的に高めます。

管理系・事業系・経営系の３つの分野から、ご自身に関係した分野をお選びいただけます。

【想定シーン】

　採用・レイオフ・収益報告・予算交渉・競合企業との対立解決など、経営、マネジメントの現場

【こんな方におすすめ】

　・海外取引先や社内外で難易度の高い英会話力が要求される方
　・すぐに英会話力を高める必要がある方
　・文化・慣習の違う海外赴任先などで部下を英語で指揮する管理職の方
　・未経験の分野を、海外で担当する予定の方
　・MBA取得を目指す方
　・英語と課題解決方法を同時に学びたい方

【難易度の目安】

　TOEIC　600点〜

　現役の管理職の方はもちろん、管理職を目指されている方、海外赴任中の方など、レベルの高いコミュニケーション力の習得を目指されている方々にご満足いただいています！

③ Business Free Conversation Course（ビジネスフリーカンバセーションコース）

　ビジネスに直結した場面や外国人に日本を説明する場面を想定したトレーニングができるビジネスフリーカンバセーションコース。約50トピックからお好きなものを選択いただき、そのトピックに関連した写真を見ながら、講師と自由に会話をしていただきます。

【内容】

　会話したいカテゴリーを下記より選択していただきます。
　　A. Business Scene　17トピック

B. Explanation of Japan　10トピック

C. Small Talk　17トピック

　レッスン開始時に、それぞれのカテゴリーの中から受講したいトピックを選択し、講師に伝えていただきレッスン開始となります。

【こんな方におすすめ】

　・ビジネスでの同僚やクライアントとの雑談が苦手

　・外国人をアテンドする際の会話力を高めたい

　・会食での英語での対話力を柔軟にしたい

【難易度の目安】

　TOEIC　～900点

　ビジネスの場面で、海外の方との対話力を高めたい方にオススメです！

第3章：変　革
（国際バカロレア
教育の拡大）

［1］国際バカロレア（IB）教育の広がり

◎第4回国際バカロレア推進シンポジウム（2020/10/31）——
文部科学省IB教育推進コンソーシアムの活動紹介

文部科学省IB教育推進コンソーシアム事務局長　小澤大心

　皆さま、こんにちは。文部科学省IB教育推進コンソーシアム事務局を担当しております、小澤大心と申します。本日は皆さまに、文部科学省としての国際バカロレア教育（IB教育）の推進活動について紹介

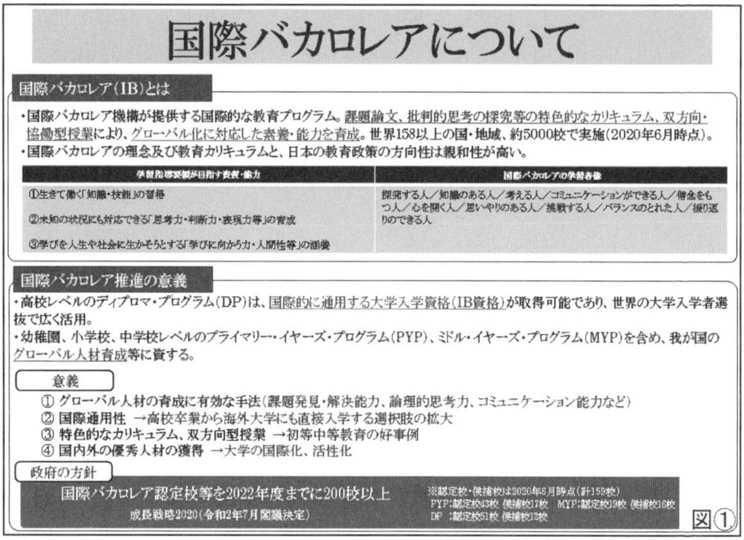

図①

させていただきます。国際バカロレア教育とは、国際バカロレア機構が提供する国際的な教育プログラムのことです。そのカリキュラムの柱には批判的思考の育成が重点に置かれており、授業においては双方向的かつ協働的な授業が展開されております。IB教育ではそれらを通じて、グローバル化に対応した素養能力の育成が目指されております（図①）。

　世界では約158の国や地域でこのプログラムが導入されておりまして、学校数としては5000校以上にのぼります。また文部科学省が国際バカロレアを推進する意義としましては4つございます。1つ目は、このプログラムがグローバル人材の育成に寄与するという点です。2つ目は、IB教育には国際通用性があり、高校卒業から海外大学に直接入学できるという点がございます。3つ目は、IB教育が探究的な学習カリキュラムであり、その中でも双方向型の授業展開が図られている点です。それらが、まさに、日本の初等中等教育の好事例であるとも捉えております。4つ目は、国内外の優秀な人材の獲得という点が挙

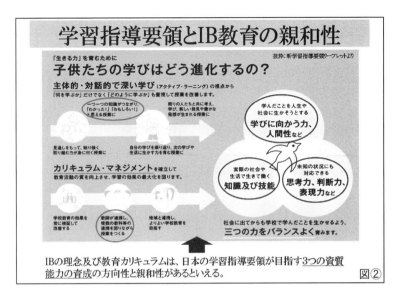

げられ、国際バカロレア資格を取得した国内外の学生が日本国内の大学に進学することで、国内大学の国際化ならびに活性化が図られることが期待されています。政府といたしましては、この国際バカロレアの候補校ならびに認定校を合わせて、2022年度までに200校を目指す目標を掲げております。

　次に、学習指導要領と国際バカロレア教育の親和性についてです（図②）。新学習指導要領では主体的で、対話的で深い学び、いわゆる、アクティブラーニングの視点から生徒がどのように学ぶのかが重視されております。その上で教師はお互いに連携し合って、教科横断的な学びの授業を目指すことが求められております。それらを通じて、学びに向かう力や人間性、知識および技能、そして思考力・判断力・表現力、という三つの力をバランスよく育むことが求められております。国際バカロレアの理念やカリキュラムというものは、日本の学習指導要領が目指すこの三つの資質・能力の育成とも親和性があると捉えております。

国際バカロレア推進に向けた文部科学省の取組

◆ 日本語DP(Dual Language Diploma Program)の開発・普及
  ➤ 一部のディプロマ・プログラムの科目において、日本語での実施が可能

◆ 学習指導要領との対応関係（教育課程の特例措置）
  ➤ 平成26年8月省令改正・公布（令和元年12月一部改正）

◆ 教員養成
  ➤ 特別免許状の授与に関する指針（平成26年）

◆ 大学入学者選抜におけるIBスコア活用推進
  ➤「大学入学者選抜実施要項」を通じた周知

◆ 文部科学省IB教育推進コンソーシアムの発足（平成30年度～）

図③

　続きまして、国際バカロレア推進に向けた文部科学省の取り組みについて紹介いたします（図③）。1つ目は、日本語DP（デュアルランゲージディプロマプログラム）の開発および普及についてです。この、デュアルランゲージというのは、日本語と英語を組み合わせたディプロマプログラムとなっております。今までのディプロマプログラムでは、英語、スペイン語、フランス語のみの実施でしたが、こちらに今は日本語が加わり、一部の科目で日本語での授業実施が可能となっております。2つ目に、学習指導要領との対応関係についてですが、こちらにつきましては、教育課程の特例措置を取っておりまして、これにより日本の学習指導要領と国際バカロレアのカリキュラムが無理なく履修できるようになっております。3つ目に、教員養成の観点では特別免許状の授与に関する指針を出しております。特に、力量のある海外の先生に対して特別免許状の発行を出すことが可能となっております。4つ目に、大学入学者選抜におきましては、国際バカロレアのスコアを活用した入試を推進しております。5つ目に、平成30年度よ

IB推進のコンソーシアム発足

日本国内におけるIBの普及促進及びIB教育ノウハウの横展開等を主導する組織として、IBに係る国内関係者が集う文部科学省IB教育推進コンソーシアムを設立。（平成30年）

【主なコンソーシアム機能】

1. 関係者協議会を通じた文部科学省への提言

2. 学校・教育委員会等への日本の実情を踏まえたコンサルティング等の実施

3. 一般ポータル・情報共有プラットフォームを通じた情報交換等の促進

4. IB教育推進シンポジウム・セミナーの開催

5. コンソーシアム協力校・機関による連絡協議会の運営

図④

り国際バカロレアプログラムを国内に普及促進していくことを目的とした文部科学省IB教育推進コンソーシアムが発足しております。

　それでは次に、国際バカロレア教育の推進を目指すコンソーシアムの発足について紹介いたします（図④）。日本国内における国際バカロレアの普及促進、および、その教育のノウハウの横展開を目指して、それを主導する組織として平成30年に文部科学省IB教育推進コンソーシアムが設立されました。主な活動としては、学校や教育委員会に対して日本の実情を踏まえた上での国際バカロレアの導入に関するコンサルティングを行ったり、ホームページや情報共有プラットフォームを通じた国際バカロレアに係る情報交換等を行っております。また全国的なシンポジウムや、地域におけるIB啓発セミナー、国際バカロレアに関心を有するコンソーシアム協力校・機関による連絡協議会の運営等も行っております。

　次に、コンソーシアムのホームページについて紹介いたします（図⑤）。コンソーシアムのホームページでは、国際バカロレア教育に関す

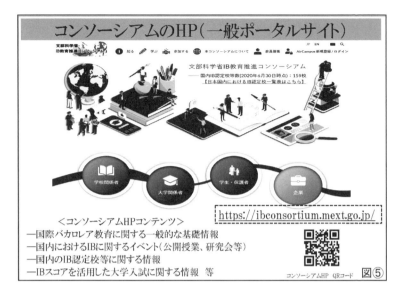

る一般的な基礎情報を発信や国際バカロレア教育に関する公開授業や
研究会等のイベントを広報、また国内の国際バカロレア認定校に関す
る情報も発信等を行っております。さらに、国際バカロレアスコアを
活用した大学入試に関する情報も掲載しておりますので、ぜひ皆さま
もコンソーシアムのホームページをご活用いただければと思います。

　また、コンソーシアムでは国際バカロレアに関する情報共有プ
ラットフォームとして AirCampus を運営しております（図⑥）。こ
の AirCampus では、国際バカロレアに関する情報を広く国内の関係
者が共有できるプラットフォームとして活用しております。なお、
AirCampus の会員登録はどなたでも無料で行えます。また、AirCampus
の掲示板においては、テーマごとの情報共有が可能となっておりまし
て、国際バカロレアに関して知見を有する AirCampus ファシリテーター
も皆さまの情報共有をサポートいたします。

　現在、収録されているコンテンツといたしましては、IB 教育の実践
例、教員や学生を対象にしたインタビュー動画、シンポジウムや地域

IBに関する情報共有プラットフォーム（AirCampus）

IBに関する情報を広く関係者間が共有できる双方向の情報共有プラットフォーム（会員登録無料）
各掲示板においてテーマごとの情報共有が可能です。AirCampusファシリテーターもサポートします。

【コンテンツ】

・IB教育実践例

・インタビュー
（教員、学生等）

・アーカイブ動画
　―シンポジウム
　―地域セミナー等

・IB関連コラム

・Q&A：
　各IB関連トピック

・イベント案内

図⑥

コンソーシアム協力校・機関（団体会員）

現在、コンソーシアム協力校・機関としての参加いただける団体を募集しております。
協力校・機関には下記の点において国内のIB普及ならびに促進でご協力をお願いして
おります。なお、協力校・機関として参加は無料であり、登録料などの発生はございません。

協力校・機関における活動

1. IB普及・促進に係る施策やIB調査研究への協力（←可能な範囲の協力願いとなります）
   具体例：教育実習協力・授業見学・IB調査研究のための任意協力等

2. 協力校・機関名をコンソーシアムHPに掲載予定

3. 協力校・機関を対象とした専用のオンライン情報掲示板の活用
   （一般向けAir Campus®の掲示板とは別に協力校・機関のみがご覧いただける専用掲示板を設けます）

4. コンソーシアム協力校・機関を対象としたメーリングリストからの情報共有
   （IBに関した情報をコンソーシアムより定期的にメールにて配信いたします）

現在の登録状況：52団体（内訳：学校-35、大学-8、教育委員会-7、その他-2）　＊2020年9月時点の登録数

登録を希望される団体は、コンソーシアム事務局までご連絡ください。
メールアドレス：consortium.info@aobajapan.jp

図⑦

セミナーなどのアーカイブ動画 AirCampus ファシリテーターによる IB
関連コラムやＱ＆Ａページ、各種イベント案内等を行っております。

文部科学省IB教育導入サポーターによる支援 【2020年度より】

【導入サポーターの役割】

各地域におけるIB教育への関心のある自治体や学校・IB候補校への助言を行います。

【主な活動内容】

1. IB教育の導入事例の共有と地域でのIB教育の基本的理解の促進

2. IB教育のカリキュラム編成（告示に基づく学習指導要領とIB科目の整合性等）
   に関する助言

3. IB教育導入のための自治体・学校における予算計画確保等に関する助言

4. その他、上記以外におけるIB教育をめぐる日本の学校が抱える諸課題への助言

 国内のIB関心校・候補校を手厚くサポート 　図⑧

なお、AirCampus の登録はコンソーシアムのホームページより登録が可能です。

　次に、AirCampus の団体会員であるコンソーシアム協力校・機関についての紹介です（図⑦）。現在、コンソーシアムでは、コンソーシアム協力校・機関として参加いただける団体を募集しております。コンソーシアムでは、協力校・機関に対しては、定期的に国際バカロレアに関した情報をメールにてご案内しております。こちらの登録は、無料となっておりますので、関心のある方がおりましたら、コンソーシアムの事務局までお問い合わせください。

　次に、文部科学省 IB 教育導入サポーターによる支援について紹介いたします。こちらは今年度より始まった制度になりますが、国際バカロレアに知見を有する先生方には IB 教育導入サポーターとしてご活躍いただいております（図⑧）。この導入サポーターの皆さまは、各地域における IB 教育への関心のある自治体や学校ならびに IB 候補校への助言等を行います。この IB 教育導入サポーターの活動を通じて、国内

コンソーシアムによる国内IB普及活動の様子

【コンソーシアム関係者協議会の開催】

【関係者協議会における主な検討事項】
―IB普及・促進をめぐる諸課題の把握
および論点整理
―諸課題に関する検討分科会の設置
―分科会による諸課題の整理ならびに
課題解決アプローチの提案

【ACファシリテーターによる情報交換会の実施】

【IB地域啓発セミナーの実施】

【IBに関するシンポジウムの実施】

テーマ「日本におけるIB教育普及・促進に向けて」（2018年10月14日）

テーマ「日本におけるIB教員養成の今後の発展に向けて」（2019年3月16日）

図⑨

各種・問い合わせ

①各種IBプログラム・認定訪問についてのご相談

国際バカロレア機構アジア太平洋地域　日本担当地域開発マネージャー
星野　あゆみ（玉川大学 教授）　　メールアドレス：ayumi.hoshino@ibo.org

② IB各種プログラム、DLDP（日本語DP）全般に関するご相談

国際バカロレア機構DLDPプロジェクトコーディネーター
ネルソン　文子　　メールアドレス：fumiko.nelson@ibo.org

＊国際バカロレアに関する質問全般は、IB機構へ直接お問合せください。（要：英語）
　メールアドレス：support@ibo.org

③その他、コンソーシアム事業内容（国内のIB啓発活動等）に関する問合せ

文部科学省IB教育推進コンソーシアム事務局（アオバジャパン・インターナショナルスクール内）
メールアドレス：consortium.info@aobajapan.jp

TEL：070-4448-1404（平日：9時～17時まで）
FAX：03-6735-4092

図⑩

のIB関心校や候補校を手厚くサポートしていきたいと思っております
ので、IBの導入に関心のある学校や候補校でこの支援を受けたいとい

う方がおりましたらコンソーシアム事務局までお問い合わせください。

　こちらのスライドでは、コンソーシアムによる国内の国際バカロレア教育の普及の活動の様子がご覧いただけます（図⑨）。引き続き、コンソーシアムといたしましては、国内における国際バカロレアの推進を力強く行っていきたいと思っております。

　最後のスライドは国際バカロレア教育に関する各種問い合わせ一覧となっております（図 ⑩）。特に、文部科学省が進めている国内における IB 教育の啓発活動につきましてはコンソーシアム事務局までお問い合わせください。

◎基調講演「国際バカロレア普及への期待～コロナ禍における IB 校の取り組みから学べること～」

国際バカロレア機構 DLDP プロジェクトコーディネーター　**ネルソン文子氏**
日本における国際バカロレア（IB）教育の専門家。これまでに、福岡インターナショナルスクール、リンデンホールスクール中高学部で DP コーディネーターを歴任。2020 年 5 月より現職に就任。

　本日は多くの皆さまに、第 4 回国際バカロレア推進シンポジウムに参加していただき、誠にありがとうございます。皆さまのお顔が見えないのが残念ではありますが、オンラインで配信することにより、より多くの方に本日は参加していただけているのではないかと思います。まさに、今回のシンポジウムのテーマである、ICT を活用することにより、コロナ禍におきましても、このイベントの開催が可能となったわけです。これから、『国際バカロレア普及への期待～コロナ禍における IB 校の取り組みから学べること～』というテーマでお話しさせていただければと存じます。本日、参加していただいている皆さんの中には、既に IB についてはよくご存じの方もいらっしゃると思いますが、まだ、IB についてはよく知らないという方も多いかと思います。この機会をお借りして、簡単に IB 教育について、まずは、ご説明いたします。

国際バカロレ
ア機構は1968年
にスイスのジュ
ネーブに設立さ
れた、非営利教育
財団です。1968
年に試験的に行
われた試みに参
加した学校は7

IBとは

International Baccalaureate Organization (IBO)
国際バカロレア機構

・1968年スイスジュネーブに設立された非営利教育財団

・世界中の146の国と地域に　ワールドスクール
　　　　　5414校の認定校（IB World School）
　　　　　（2020年9月1日現在）

・http://www.ibo.org

図①

校でした。内訳はイギリスが2校、スイス、デンマーク、アメリカ合衆国、レバノン、イランが、それぞれ1校ずつでした。それが現在では、IBのプログラムを提供している認定校は、世界中で約150カ国、5000校以上となっています。これらの学校はIBワールドスクールと呼ばれています（図①）。

　最初に誕生したディプロマプログラムは、16歳から19歳が対象で、大学入学前のカリキュラムを提供し、世界中の生徒のための外部試験という形を取り、言語は英語とフランス語で始まりました。ディプロマプログラムの最初の試験が1970年に実施され、参加校は11校で、全てがインターナショナルスクールの生徒たちでした。1983年にスペイン語が新たな公用語として加わり、現在に至っています。1994年には11歳から16歳までを対象とした中等教育プログラム、MYPが、1997年には3歳から11歳を対象とした初等教育プログラム、PYPが加わりました。これで全ての年齢の児童生徒に、IBプログラムを提供することができるようになりました。その狙いは、ディプロマプログラムと同様に、MYPとPYPにおいても、生徒たちが国際的な視野を持ち、批判的な思考のスキル、クリティカルシンキングを身に付けることができるような、一貫した教育を提供しようというところにあります。

　そして、2012年に一番新しいプログラム、キャリア関連プログラム、CPが誕生しました。16歳から19歳を対象として、キャリア形成に役

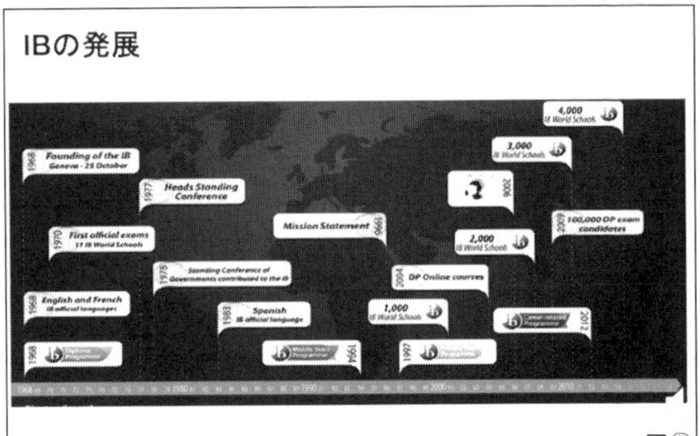

立つスキルの習得を重視したキャリア教育、職業教育に関連したプログラムとなっています。現在、IBは、この四つのプログラムを提供しています（図②③）。

このグラフから分かるように、7校で始まったIBプログラムは、年々、世界中でその数が増えていきました。世界的にはDPの認定校が一番多く、そし

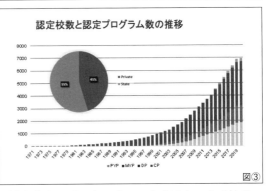

IBの発展

図②

認定校数と認定プログラム数の推移

図③

て、PYP、MIP、CPと続きます。インターナショナルスクールで始まったIBの教育ですが、現在の世界の認定校の半数以上は、公立の学校で、より多くの児童生徒たちがIBの教育を受けるようになりました。IBの一貫教育について、全てのプログラムはIBの使命、IBの学習者像、そしてIBワールドスクールになるための、認定の要件がまとめられている、プログラムの基準と実践要綱という項目があります。それぞれのプログラムのカリキュラムモデルにおいて、学習者が中心に置かれているということが、このモデルからお分かりになると思います（図④）。

IBの使命、国際バカロレアは、多様な文化の理解と尊重の精神を通じて、より良い、より平和な世界を築くことに貢献する、探究心、知識、思いやりに富んだ若者の育成を目的としています。この目的のた

め、IBは、学校、政府、そして国際機関と協力しながら、チャレンジに満ちた国際教育プログラムと厳格な評価の開発に取り組んでいます。IBプログラムは、世界各地で学ぶ児童生徒に、人が持つ違いを違いとして理解し、自分と異なる考えの人々にも、それぞれの正しさがあり得ると認めることのできる人として、積極

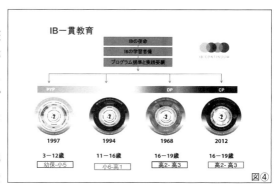

図④

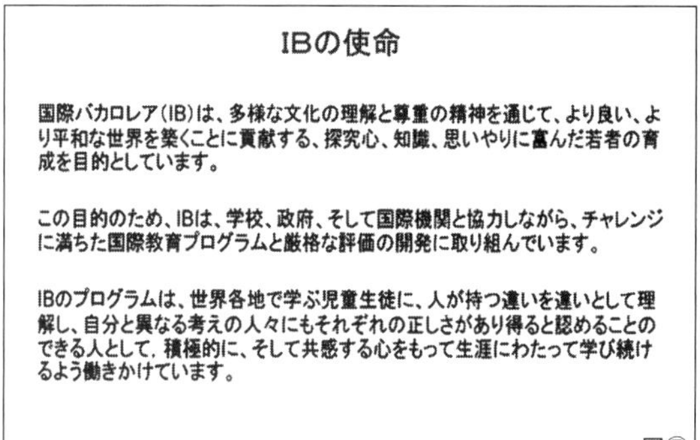

IBの使命

国際バカロレア（IB）は、多様な文化の理解と尊重の精神を通じて、より良い、より平和な世界を築くことに貢献する、探究心、知識、思いやりに富んだ若者の育成を目的としています。

この目的のため、IBは、学校、政府、そして国際機関と協力しながら、チャレンジに満ちた国際教育プログラムと厳格な評価の開発に取り組んでいます。

IBのプログラムは、世界各地で学ぶ児童生徒に、人が持つ違いを違いとして理解し、自分と異なる考えの人々にもそれぞれの正しさがあり得ると認めることのできる人として、積極的に、そして共感する心をもって生涯にわたって学び続けるよう働きかけています。

図⑤

的に、そして共感する心を持って、生涯にわたって学び続けるよう働きかけています（図⑤）。

多くの学校では、このIBの使命に感銘を受け、共感し、IB校を目指されることになったということを、よく耳にします。管理職のためのワークショップに参加された方が、次のような感想を述べられました。引用いたします。「本校は開校以来、二十数年間、いろいろなことに挑戦してきた学校だと自負していますが、その多くがIBの理念と共通点があると感じました。自分たちで挑戦してきたことで、なかなかうまくいかなかったことが、IBにはたくさん含まれており、IBを導入することにより、何歩も前進できるのではないかと思います。

IBの使命を具体的な形で表しているのが、IBの10の学習者像です。

全てのIBプログラムは国際的な視野を持つ人間の育成を目指し、人類に共通する人間らしさと、地球を共に守る責任を認識し、より良い、より平和な世界を築くことに貢献する人間を育てます。この、IBの学習者像は、IBワールドスクールが価値を置く人間性を、10の人物像として表しているのです。こうした人物像は、個人や集団が、地域や社会や国、そしてグローバルなコミュニティーの責任ある一員となることに、資すると、私たちは信じています（図⑥）。

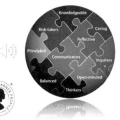

IBの学習者像

・探究する人
・知識のある人
・考える人
・コミュニケーションができる人
・信念を持つ人
・心を開く人
・思いやりのある人
・挑戦する人
・バランスのとれた人
・振り返りができる人

図⑥

IBの学びとは？

指導のアプローチ

・探究を基盤とした指導
・概念理解に重点を置いた指導
・地域的な文脈とグローバルな文脈において展開される指導
・効果的なチームワークと協働を重視する指導
・学習への課題を取り除くデザイン
・評価を取り入れた指導

学習のアプローチ

・思考スキル
　➤ 批判的思考、創造的思考、倫理的思考
・リサーチスキル
　➤ 情報の比較、対照、検証、優先順位づけ
・コミュニケーションスキル
　➤ 口頭および記述
・社会性スキル
　➤ 他者の話を傾聴する、対立関係を解消
・自己管理スキル
　➤ 時間や課題の管理といった管理・調整スキル
　➤ 感情やモチベーションを管理 する情意スキル

『国際バカロレア(IB)の教育とは？』

© International Baccalaureate Organization 2019

図⑦

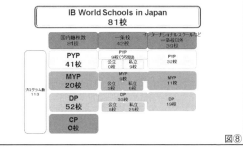

日本におけるIBワールドスクール(IB認定校)

図⑧

ここで、忘れていけないのは、この学習者像は学校に関わる全ての人、生徒だけでなく、管理職、教師、また保護者にも求められる人物

像であるということです。現代の教育研究に基づいたIBの六つの指導のアプローチと五つの学習のアプローチは、IBワールドスクールの教員と児童生徒を導き、目標を明確にさせるものです。これらの方法は、教室内でIB教育が掲げる目標を確実に実現させるため、非常に重要な役割を果たしています（図⑦⑧）。

　現在、日本には、81校のIBワールドスクールがあります。そのうち42校が一条校、残り、39校がインターナショナルスクールなど、一条校以外の学校となっています。その内訳は、PYPが41校のうち、一条校が9校、MYP20校のうち、一条校が9校、DP52校のうち、一条校が33校となっています。CPを提供している学校は、まだ、日本にはありません。2013年には、IB校は国内で24校でした。そのうちの18校がインターナショナルスクールで、一条校は6校のみでした。現在ではその数は81校に増え、その半分以上が一条校で、7倍の増加、インターナショナルスクールも39校となりました。日本の認定校の数は、アジア太平洋地域において、中国、インド、オーストラリアに次いで4番目となっています。このように、IB校が増えた背景には、日本語でディプロマプログラムを履修することができるようになったことが挙げられます（図⑨⑩）。

　それでは次に、デュアルランゲージディプロマプログラム、DLDPについてご紹介いたします。通常、国際バカロレアのディプロマプログラムでは、学習および評価に使用できる言語は、英語、フランス語、またはスペイン語のいずれかとなっていますが、デュアルランゲージディプロマプログラムとは、DPの6科目中、最大4科目まで、母語で学習ができるプログラムです。グローバル化した社会で活躍できる人材育成を目指すため、2013年に国際バカロレア機構と文部科学省が合意の下、ディプロマプログラムの一部を、日本語でも実施可能とする、DLDPプロジェクトが開発、導入されました。DLDPはドイツでも実施されており、また韓国でも導入に向けて体制を構築中のところです。

　国際バカロレア資格は、多くの国で大学入試審査に活用されていま

す。大学により活用方法はさまざまですが、IBDP の履修生は高く評価され、プログラムの内容が高度であることは、どの大学も共通して認識しています。IBDP をどの言語で学習したとしても、世界の大学の評価は変わらないのです。海外の大学に進学の場合は、その他に、IELTS や TOEFL で英語力を示す必要がある場合もあります。

一条校の中で、DLDP 校は 33 校中、24 校となっています(図⑪)。そのうち 7 校が公立、17 校が私立です。また、一

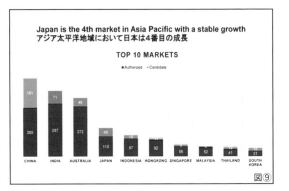

Japan is the 4th market in Asia Pacific with a stable growth
アジア太平洋地域において日本は4番目の成長

TOP 10 MARKETS

■Authorized ×Candidate

図⑨

デュアル・ランゲージ・ディプロマプログラム（DLDP）の概要

通常国際バカロレアのディプロマプログラムでは、学習及び評価に使用できる言語は、英語、フランス語、またはスペイン語のいずれかとなっているが、デュアルランゲージ・ディプロマ・プログラム(DLDP)とは、DPの6科目中、最大4科目まで、母語で学習できるプログラム。

グローバル化した社会で活躍できる人材育成を目指すため、2013年に国際バカロレア機構と文部科学省が合意のもと、ディプロマプログラムの一部を日本語でも実施可能とするDLDPプロジェクトが開発、導入。

国際バカロレア資格は多くの国で大学入試審査に活用されている。大学により活用方法は様々だが、

IBDPの履修生は高く評価され、プログラムの内容が高度であることはどの大学も共通して認識している。

IBDPをどの言語で学習したとしても、世界の大学での評価は変わらない。（海外の大学に進学の場合は英語力を示す必要がある）

図⑩

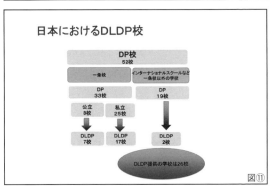

日本におけるDLDP校

DP校
52校

一条校　　インターナショナルスクールなど
一条校以外の学校

DP
33校

DP
19校

公立
8校

私立
25校

DLDP
7校

DLDP
17校

DLDP
2校

DLDP提供の学校は26校

図⑪

条校以外の学校でも、2 校は DLDP を提供しています。DLDP を提供することで、より多くの日本の生徒が、ディプロマプログラムを経験す

ることを可能にしています。DP校52校のうち、一条校は33校で、DLDP校は33校中、24校となっています。そのうち7校は公立、17校が私立です。

また、一条校以外の学校でも、2校はDLDPを提供しています。DLDPを提供することで、より多くの日本の生徒が、ディプロマプログラムを経験することを可能としています。これは全国のIB認定校の一覧です。今後、IB認定校はさらに増え続けることが期待されます（図⑫）。

　では次に、『コロナ禍におけるIB校の取り組みから学べること』ということでお話ししたいと思います。IBの学習の特色として、全てのプログラムにおいて、共同型であることが挙げられます。一方的に先生の話を聞くのではなく、生徒が中心となり、ディスカッションをしたり、グループでプレゼンテーションの準備をしたりします。しかし、突然、ある日から、このような形で学習をすることができなくなりました。新型コロナウイルス感染予防のため、日本では2月27日に全国の小中高で、3月2日からの臨時休校要請が出されました。突然のことで、学校は、これからどうしようと慌てふためいたと思います。目の前に生徒がいない状態でこれからどうしたらいいのかと、先生たちは悩まれたのではないでしょうか。また保護者の皆さん、生徒たち、みんなが不安を覚えました。誰も経験をしたことがないのですから、どうしたらいいのかは誰も教えてくれません。それぞれの学校の文脈の中で対応するしか、方法はありませんでした（図⑬⑭）。

　これは日本に限ったことではなく、世界のIB校でも、明日から学校は休校で、オンラインに切り替わりますと言われた学校もあります。

また自分の国に帰った生徒が、学校に戻られないという状況も、あちらこちらで起こっています。日本でもオンライン授業を取りあえず始めたという、IB校も多かったと思います。その、取り組みについては、第2部の事例共有セッションで、日本のIB校からの報告がございます。

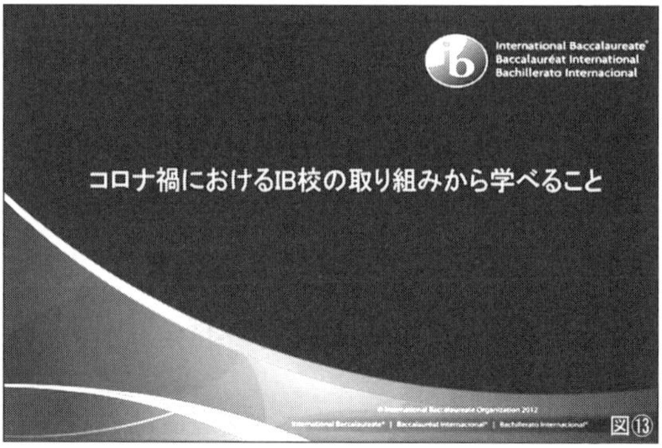

図⑬

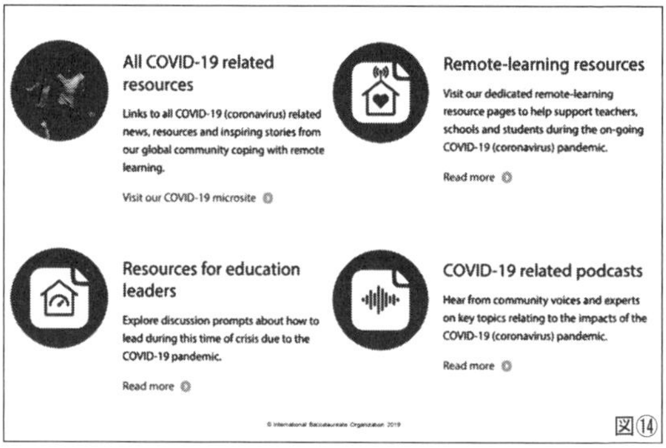

図⑭

　IB機構では、まず、リモートでの指導と学習のための資料や、ポッドキャストなどを通して、学校を支援しました。IBのウェブサイトではコロナウイルスに関連するニュース、リモートで指導、学習しているグローバルコミュニティーからの事例を紹介し、他の学校がどのような取り組みをしているかを共有しています。コロナ禍で、教師、学校、生徒のためにリモートでの学習をサポートする、教材のリンクも提供されています。さらに、学校のリーダーへ向けてのメッセージや、具体的にどのようにリモート学習を計画し、進めればよいかの、専門家のアドバイスなども多く紹介されています。コロナウイルスの質疑応答のウェブサイトでは、今でも、最新の情報がリアルタイムで提供されています。またディプロマプログラムでは、最終評価に向けてのガイダンスも提供し、IB

校を支援しています（図⑮）。

ICT活用、オンライン授業、リモート学習を指導する先生のイメージとはどういうものでしょうか。パソコンの前に一日中、座って、この左のイラストの先生のように、736通ものメールを毎日、処理している姿でしょうか。これはICTを活用しているとはいえないのです。実は、

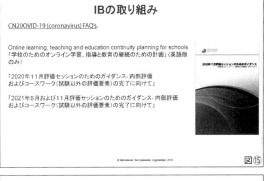

図⑮

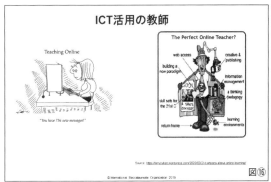

図⑯

これはまさに自分の姿ではないかと。自分自身の反省も踏まえてなのですが、まずは、リモート学習を行う教師の、ウェルビーイングが大切だといいます。ウェルビーイング、とは、身体的、精神的、社会的に良好な状態にあることを意味する概念で、幸福と訳されることも多い言葉です（図⑯）。

1946年の世界保健機構WHO憲章の草案の中で、健康とは、病気でないとか弱ってないとかということではなく、肉体的にも精神的にも、そして社会的にも全てが満たされた状態、ウェルビーイングにあることをいいます、と日本WHO協会は訳しています。私たちが直面している状況の中で、まずは、生徒と先生の社会的、および、心身的の健全性に対する配慮が必要となるのです。右のイラストの先生のようになるのは

時間がかかるかもしれませんが、コロナ禍でどのような教師を目指すのか、一度立ち止まって考える必要があると思います。

次に、ネチケットとは、ネットワーク上でのマナーのことですが、教室でのルールがあるように、リモート学習での新たなルールが必要となります。これは学校全体、または学年ごとにみ

図⑰

リモート学習とは対面での授業をオンラインでやることではない

図⑱

んなで考えて、ルールを決めていくのがいいのではないでしょうか。例えば、常識的なことかもしれませんが、メールを送信する前にもう一度、読み直すとか、ネットの向こう側にいるのは実際の人であるということを忘れないことなどを、みんなで考えていくといいのかもしれません。リモートでの学習において大切なことは、リモート学習とは単に、教室での授業をオンラインでやることではないということです。多くの学校は、オンラインでの授業の準備をする時間の余裕がなく、世界中の学校でも、取りあえず今の時間割でオンライン学習を始めたところも多かったようです。しかしながら、その方法では、うまくいかないということが分かってきました（図⑰⑱）。

ここで、リモート学習について、四つのステージを紹介します。教

育コンサルタント
であり、eラーニ
ングの研究をされ
ているワットホー
ル博士が提唱され
ているものです。
ワットホール教授
は、IB教育にも深
く関わりのある方

リモート学習に向けての4つのステージ
(by Dr. Jennifer Chang Wathall)

- **Survive** stage：サバイバルステージ
  アクセス可能なものは何かを探るステージ
- **Stride** stage：一歩踏み出すステージ
  使用できるツールについて学ぶステージ
- **Thrive** stage：目標に向かって前進するステージ
  学習の内容について考察
- **Arrive**：リモート学習の完成に向けたステージ
  有効的なブレンディッド形態での学習

© International Baccalaureate Organization 2019　　図⑲

で、DPの数学の新しいカリキュラムの開発にも携わられました。第一
のステージはサバイバルステージです。このステージではどのような
テクノロジーやディバイスを使うのか、Wi-Fiの環境はあるのか、生徒
は自分だけで使うパソコンがあるのか、または、家族で共有している
のかなど、リモート学習での環境を整え、何を使うかを決めるステー
ジです。次のステージでは、一歩踏み出し、学習に使用すると決めた
テクノロジーに慣れること。先生も生徒も使い方を学ぶ時間が必要で
す。そして、この時点で通常と変わらない授業をしようとは思わない
ことです（図⑲）。

　3番目は、目標に向かって前進するステージです。使うべきデジタ
ルツールが決まりました。教師が生徒にやる気を起こさせ、深い学び
ができるようにするためにはどうすればよいかを考えながら、リモー
ト学習を進めるステージです。最後はArrive、到達するステージです。
最も効果的なブレンディッドラーニングの学習手法を採用して、生徒
の学習を強化するユニットを完成させます。ブレンディッドラーニン
グについては、ここで細かく説明をする時間はないのですが、文部科
学省のウェブサイトにも掲載されていますので、興味のある方は、ぜ
ひ、ご覧ください。

　対面での学習とeラーニングを組み合わせたもので、ワットホール
博士は、この、ブレンディッドラーニングの準備には、通常6カ月か

ら9カ月はかかるが、このような非常時においては、できる限りのことをすることが大切であると言われています。ブレンディッドラーニングの一例ですが、オンライン学習、対面での先生との学び、少人数での学び、そして、個人での学びが組み合わされたものとなっています。

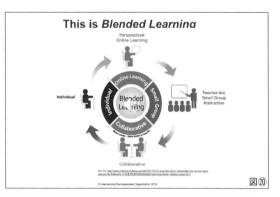

This is *Blended Learning*

Personalized
Online Learning

Individual

Blended
Learning

Teacher-led,
Small Group
Instruction

Collaborative

Collaborative

© International Baccalaureate Organization 2019

図⑳

リモート学習で重要なポイント：4つのC
(さまざまな学校からの報告)

* **Connection**
    人と人とのつながり
* **Collaboration**
    協働
* **Clarification**
    明確化
* **Critical thinking and conceptual thinking**
    批判的（クリティカルシンキング）と概念的な思考

© International Baccalaureate Organization 2019

図㉑

引き続き、ワットホール教授が、さまざまな学校からの報告を基に、リモート学習で重要なポイントをまとめられていますので、それをご紹介します（図⑳㉑）。

まずはConnectionが重要なポイントです。人と人とのつながりがないところでの学習は、生徒のモチベーションが下がり、学びに興味が持てず、自分はどこにも属していないのだという気持ちになります。特に、オンライン学習においては、これは、重要です。Wi-Fiが使えない環境でしたら、電話での会話でも構いません。

次に、Collaboration、協働です。学習のパートナー、一緒に考える仲間が必要です。これは生徒だけでなく先生にも、一緒にプランを立て、振り返るパートナーが必要なのです。

3番目は、明確化です。オンラインの学習では、多くの質問が出るこ

とが予想されますが、対面の学習のように、すぐ先生や他の生徒から答えが得られるわけではありませんので、リモート学習では、どんなに簡単なことでも、分かりやすく、明確に示すことが重要です。最後は、クリティカルシンキングと呼ばれる、批判的思考と概念型の学習の確立が挙げられます。このような非常時に

図㉒

オンラインでやる適切な時間とは？
スイスのツーク州で推奨されている時間数

	集中力	1日に何回? = 1日でのオンラインの授業時間
幼稚園	8-12分	2回 =約30分
1年生	14分	3回 =約45分
2年生	16分	4回 =約65分
3年生	18分	5回 =約90分
4年生	20分	6回 =約120分
5年生	22分	7回 =約145分
6年生	24分	8回 =約190分
7年生	26分	9回 =約240分
8年生	28分	9回 =約250分
9年生	30分	9回 =約270分

Source: https://www.zg.ch/behoerden/direktion-fur-bildung-und-kultur/schulleitung/aktuelles/forschung-fuer-den-fernunterricht/

図㉓

幼稚園児の1日は？　幼稚園:

	月	火	水	木	金
9 am	開始	開始 (オンライン)	開始	開始 (オンライン)	開始
9:30am (15')	オフラインでの自主学習	サポート付きの自主学習	オフラインでの自主学習	サポート付きの自主学習	オフラインでの自主学習
休み時間					
(15')	オフラインでの自主学習	オフラインでの自主学習	サポート付きの自主学習	オフラインでの自主学習	サポート付きの自主学習
	自由遊び	自由遊び	自由遊び	自由遊び	自由遊び
11am (15')	最終チェック	最終チェック (オンライン)	最終チェック	最終チェック (オンライン)	最終チェック
昼食					
(30')		自由活動		自由活動	

オンラインでの参加
先生に自由に質問ができる時間
自由

Source: https://www.zg.ch/behoerden/direktion-fur-bildung-und-kultur/schulleitung/aktuelles/forschung-fuer-den-fernunterricht/

おいても、IBのカリキュラムの軸となる、批判的思考を育み、概念型の学習ができるように授業を進めることが、大切なポイントとなります。

　次に、オンラインで行う適切な時間とはというところを見ていきましょう（図㉒）。これは、スイスのツーク州で推奨されている時間数です。幼稚園から9年生、日本でいうと中学3年生までが書かれています。それぞれの学年で集中力の続く時間と、1日でのオンラインの回数、時間が示されています。通常、教室での授業の時間は、大体、45分から50分ですが、中学3年生で集中できる時間は30分となっているのは、授業のプランを立てる上でも興味深いデータだと思います。

　これは、幼稚園でのリモート学習の時間割の例です（図㉓）。このよ

うな時間割を示すことで、家庭でも規則正しい生活ができるようになります。週に2回、オンラインで始まる日が設けてあります。その時間に先生は、その日の学びの目標や一日の流れについての話をします。実際に、児童生徒の顔を見ながら、一人一人とのつながりを確認します。その後、オフラインの自主学習ができるように、課題を与えたり、先生が生徒からの質問を受けたりする時間が設けられています。質問は、電話、Skype、Zoom、いろいろな手段を使うことができま

図㉔

図㉕

図㉖

す。もちろん、幼稚園や小学校低学年の生徒の場合は、保護者の助けが必要となります。最後に、また、オンラインで顔を見るという時間

割になっています。これはあくまでも、一つの例として挙げられています。

　次に、小学校低学年の時間割です。少し時間が長くなっていますが、基本的には同じような流れになっています。小学5、6年生からは、バーチャルでの授業が組み込まれています。これは、実際に教室と同じように、オンラインでの授業が行われます。1日の時間も長くなっています。中学生になると、1日の学習時間もさらに増え、実際に教室での授業と同じような形で、オンラインの授業が行われます（図㉔㉕㉖）。

　最後に、あるIB校でのコロナ禍での取り組みをご紹介いたします。ハノイインターナショナルスクールの先生たちは、2月3日に旧正月の休日から戻ってきたばかりでした。ちょうどその頃、ベトナムでコロナ感染者が急速に増えているため、学校の開始を数日遅らせることとし、この決定を校長はスタッフ、保護者、生徒にメールで伝えました。その後、州政府のほうより、2月17日まで学校を閉鎖するようにとの助言があり、その間、リモート学習プログラムを開発し、家庭で学習ができるようにシーソー、というプラットフォームを提供しました。

　2月17日に学校は再開できず、生徒との関係を強化するためにZoomを追加しました。この時点で、学校は4週間休校となっていて、教師はまだ学校に通っていましたが、生徒たちは家にいました。3月2日に再開しましたが、状況が悪化し続けたため、5月11日までの休校は続きました。最初に休校になった時点で、リモート学習エンゲージメントプログラムを開発し、シーソーを通じて生徒に非同期学習、生徒が同じ教材を異なる時間と場所で学習することを提供しました。3月上旬までにZoomで朝のホームルーム、休み時間を生徒と過ごし、同じくZoomを使って、担任や教科担当教師によるオンライン授業へと、進化しました。

　この過程の中で、最初の休校中にフィードバックを得たことで、より優れたカリキュラムを、オンラインで提供することができたということです。また、このような不安や不確実な時期に、生徒たちの健康

を守るために、スクールカウンセラーは定期的にセッションを提供しました。

コロナ禍で教えることは、誰にとっても非常に複雑で、前例のない状況でしたので、模索しながら、３月上旬の職員会議で、飛びながら飛行機を組み立てる、という考えが提案されました（図㉗㉘）。この提案の骨子は次の

Build the plane as we fly－飛びながら飛行機を組み立てる

図㉗

3つのアイディア

• 既存の学習ニーズを満たしながら、別の何かを構築する必要がある

• 生徒や保護者など、すべてのステークホルダーの期待に応えようとする中で生じるフラストレーションを管理する必要がある

• 私たちは皆、一丸となってこの非常時を乗り越えようとしていることを理解し、恐れる必要はない

図㉘

三つでした。一つ目に、既存の学習ニーズを満たしながら、別の何かを構築する必要がある。２番目に、生徒や保護者など、全てのステークホルダーの期待に応えようとする中で生じる、フラストレーションを管理する必要がある。最後に、私たちは皆、一丸となってこの非常時を乗り越えようとしていることを理解し、恐れる必要はない。この三つのアイデアを基に、プロジェクト、アイデア、レッスンプランがどのように変化したか、どのような結果を達成したいのか、そして、コロナへの対応の中で何を学んだかを振り返りながら、この提案について探求し続けました。

教師たちは振り返りの中で、これら全てから得た最大の教訓は、困難から立ち上がる力があることを認識し、自分の力ではどうにもできな

い状況の変化に直面したときに、忍耐強くあること、楽しみと仕事の適切なバランスを確保し、このような緊急の状況では、必要に応じてIT機能を迅速に改善で

学んだ教訓

- 困難から立ち上がる力があることの認識すること
- 自分の力ではどうにもできない状況の変化に直面した時に忍耐強くあること
- 楽しみと仕事の適切なバランスを確保すること
- このような緊急の状況では、必要に応じてIT機能を迅速に改善できること
- コミュニティとしてのつながりを維持することが、この規模の危機を乗り越えるための鍵であること

© International Baccalaureate Organization 2016

図㉙

きること、また、コミュニティーとしてのつながりを維持することが、この規模の危機を乗り越えるための鍵であることも学びました（図㉙）。

コロナ禍で教えるということはどのようなものかについて、Vani Veikoso 副校長は次のように答えています。

「最初の休校中にフィードバックを確認することで、より優れたカリキュラムをオンラインで提供できるようになりました。IB からの情報は特に役に立ち、オンラインツールを使用してプログラムをサポートする方法を、定期的に更新してくれました。学校行事であるブックウィーク、三者面談、ホームスクールオリンピックなど、いくつかのイベントを維持することで、保護者や生徒とのつながりを、より、強く保つことができました。」

新しい日常については、5月4日に学校が再開したとき、ソーシャルディスタンスを保つための工夫、体温測定、マスクの着用、消毒液の使用、および、手洗いに関するガイドラインは、全て、順守されていました。小学生の休み時間と昼食の時間が再編成され、クラスごとに遊べるゾーンを指定するようになりました。このように感染者を出さないよう、最大の努力をしながら学校生活を送っています。ロックダウン中の私たちの経験を共有することで、コロナの影響のために、いまだにリモート学習を行っている世界中の学校の助けとなることを願っています。

◎地域セミナー in 滋賀「IB で育つ生徒とは？ MYP 編（事例共有）」

市立札幌開成中等教育学校　**大西洋氏**

東京学芸大学教育学部中等教育教員養成課程数学専攻修了。現在、市立札幌開成中等教育学校で MYP コーディネーター・数学科教諭を務める。また、文部科学省 IB 推進教育コンソーシアム MYP 部門のファシリテーターを担当。

　市立札幌開成中等教育学校の大西と申します。本来であれば、直接お伺いしてお話しさせていただくところをコロナの状況もあり、このような形になってしまい、大変残念ではありますが、できる限り時間内に、分かりやすく、MYP についてご説明差し上げたいと思います。

　それでは早速、『IB で育つ生徒とは？　MYP 編 』というような形で説明をさせていただきます。まず、IB の学習プログラムを通して、育みたい生徒像については、この IB mission statement の中に、このような形で載っています（図①）。IB のプログラムを通じて、より平和な世界を築くことに貢献する、探

> **IB mission statement**
>
> 国際バカロレア（IB）は、多様な文化の理解と尊重の精神を通じて、より良い、より平和な世界を築くことに貢献する、探究心、知識、思いやりに富んだ若者の育成を目的としています。
>
> この目的のため、IBは、学校や政府、国際機関と協力しながら、チャレンジに満ちた国際教育プログラムと厳格な評価の仕組みの開発に取り組んでいます。
>
> IBのプログラムは、世界各地で学ぶ児童生徒に、人がもつ違いを違いとして理解し、自分と異なる考えの人々にもそれぞれの正しさがあり得ると認めることのできる人として、積極的に、そして共感する心をもって生涯にわたって学び続けるよう働きかけています。
>
> 図①

Middle Years Program

図②

究心、知識、思いやりに富んだ若者の育成をねらっています。

これ（図②）は、MYPのプログラム全体を表すサークルですが、真ん中に人のシルエットが三つ並んでるのが分かるでしょうか。このシルエットは、IBの学習者像を表しておりまして、IBは、MYPのプログラムを通じて、人格の完成、人間性を非常に大切にしているということが、この図から分かります。周りには、MYPのプログラムの中で実施する科目やコ

探究する人 Inquires		知識のある人 Knowledgeable	
考える人 Thinkers		コミュニケーションができる人 Communicators	
信念を持つ人 Principled		心を開く人 Open-minded	
思いやりのある人 Caring		挑戦する人 Risk-takers	
バランスのとれた人 Balanced		振り返りができる人 Reflective	

図③

IB learner profile（IBの学習者像）

IBの学習者像は、IBの理念を行動として表したものであり、こうした国際的な視野をもつ人物像は、知的成長や学習内容への関心を超えて、人間としての幅広い能力と責任感を育むことを意味しています。また、これらの人物像は、学校コミュニティーの全員が自分自身をはじめ、他の人々、そして自身を取り巻く世界を尊重する人になるよう働きかける、基準と実践を示してくれます。

図④

MYPの科目

MYP科目名	学習指導要領上の教科・科目名
言語と文学	国語、国語総合
言語習得	英語、総合英語
個人と社会	社会、現代社会
理科	理科・理数理科
数学	数学・理数数学Ⅰ
芸術	音楽・美術・書道Ⅰ
デザイン	技術・家庭・情報スキル・家庭基礎・社会と情報
保健体育	保健体育・体育・保健

図⑤

アという、上位の取り組みに関した記述がありますが。あくまでも、中心にあるのは学習者像という、人格の完成とを対象にしていること

がこの図からも読み取れます。

　先ほどの図にありました学習者像を、もう少し詳しく見ていきますと、このような、10のIBの学習者像（図③）というものが、準備されておりまして、生徒は、プログラムを通じて、このような人間性をそれぞれ育んでいくことを目標にしています。大切なことは、これらは行動を伴って実現をしていくということです。例えば、挑戦をする人、右下のほうにありますけれども、挑戦をする気持ちになるっていうことだけではなくて、実際に挑戦をするという行動に置き換えていく、行動をしていくことが、非常に重視されるわけですね。ですから、思いやりのある人というような学習者像においても、これは、行動を伴って、思いやりのある人というものを体現できるような、そういう人間性を身に付けていくことが大きな目標とされています。

　これは（図④）、IBの学習者像を表した一つの記述なんですが、象徴的なところは赤い部分です。『学校コミュニティーの全員が』という記述がありますが、IBの学習者像は、生徒だけではなく、教員、そして保護者、子どもたちの教育に関わる全てのスタッフが、意識して、身に付けて、育んでいくことが求められている。これが一つの象徴的なところになります。

　それでは、実際にMYPの学びとはどんな学びなのか、具体的に見ていきましょう。MYPの科目ですが。この表（図⑤）に表されているように、左側に、『MYP科目名』と書いてありますけれども、世界中のどこの学校でも、この8つの科目を原則として、実施していくことになります。いくつかは日本の科目名と違うものもありますが、右側に、日本の『学習指導要領上の教科・科目名』という形で、対応させてあります。

　しかし、例えば、MYPは、日本の中学校のみで完了ではなく、中学校から高校1年生まで行う学校もありますので、高校1年生まで行う場合には、それぞれの学校で、適切な高校の科目とリンクをしていく必要が出てきます。下から3番目の芸術ですが、一般の日本の中学校

では、音楽や美術は別々な教科になりますが、IB の中では、これらは芸術という、1つの科目の中に統合されています。その下のデザインに関しても、技術・家庭、高校でいうと、情報のような科目に関しても、このデザインに統合されます。

知識とは地図のようなものである。

知識とはその用途によって姿・形を変えるものである。

地図がもし現実そのものであったらその地図はあまり意味をなさないだろう。すなわち、私たちが知識を得るということは、使う人や場面、時間において、それぞれ使い易いように形を変えているということである。

図⑥

実際どのような学びを行っていくのかということですが、IB の学び

文学作品を比較する

五つの文学作品の序章（イントロダクション）を分析し、文学作品の序章に必要な要素について考察する。

自己紹介（読者の共感を得るような）、印象的な事件、印象的なセリフ、名言、情感的な描写、違和感

図⑦

の中では、もちろん知識を獲得していくことが、一つの大事な要素ですが、概念理解、概念的理解に焦点を当てて学んでいきます。これは、知識をさらに汎用性のあるもの、より使い勝手のよいものとして捉えていく意味合いがありますが、根底にある考え方として、IB の中には、『知識とは地図のようなものである』という考え方があります（図⑥）。

普段、我々が使っているような地図は、例えば、折りたたまれた紙の地図だったり、Google マップのような地図だったり、地下鉄の路線図のようなものも、一つの地図と言うことができると思いますが、どれも、現実そのものとは全く異なった形をしてますし、違ったものだということはすぐに分かると思います。もし地図が現実そのものであったら、それは地図としての意味を成さないのではないかと思うんです

ね。

　それと同じことが、実は知識についても言えまして、私たちが、普段、学びの中から知識を得るということは、その知識を使う状況に合うように、形を変えて獲得し、それらを適宜利用しているんです。ですから、知識はそれそのものではないんですね。つまり、常に形を変えて、時には言語で捉えたり、イメージで捉えたり、または見方、考え方、感じ方によって、知識というのはさまざまに形を変えていきます。

　子どもたち、教師もそうですけども、知識というものは、そういう性質を持つことをきちんと認識した上で、それぞれ、知識をどのように現実の文脈の中で、または、異なった学問領域の中で使っていくのか、利用していくのかを考えていく。そのようなことが非常に重要となります。

　具体的にどのような学びになるかですが、これは、国語科の中で、文学作品を比較するという内容の授業です（図⑦）。これは中学校１年生で、実施しているんですが、先生は、五つの文学作品のイントロダクションを生徒に与えて、子どもたちはそれを基に、イントロダクションの中に必要な要素を分析していきます。まず個人で分析をして、それぞれ自分のアイデアを持ち寄って、今度は、それをグループの中で、イントロダクションにはこういう要素が隠れていて、こういう役割があるんじゃないかということを、ディスカッションによって分析していくわけですね。より練り上げていくわけです。

　実際、どのような意見が出てくるかというと、例えば、自己紹介とか、印象的な事件がそこにはよく含まれているんじゃないか、あとは、印象的な台詞、名言、情感的な描写、違和感。こういった要素がイントロダクションには含まれていて、それらが、文の中では、一定の役割を果たしているんじゃないかということに、子どもたちは気付いていくわけです。

　このような学び方をすると、恐らく、子どもたちは、イントロダクションの役割をしっかりと理解し、自分でイントロダクションを書けるよ

うになると思う
んです。これら
は、本論や結論に
ついても、または
起承転結につい
て、学びが進むと
ともに、さまざま
場面でも、同じよ
うな学びをして
いきますので。最
終的に、子どもた
ちは、それぞれの
部分における役
割を理解して、
それらをしっか
りと使いこなし
て書けるように
なっていくので
はないかと感じます。

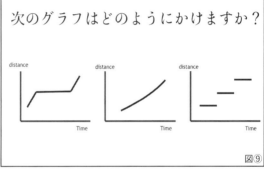

動いてグラフをかこう！

　生徒は、センサーの前を言ったり来たりしながら、求めるグラフをかいていく

図⑧

次のグラフはどのようにかけますか？

distance　　　　　distance　　　　　distance

Time　　　　　Time　　　　　Time

図⑨

　これは、数学科における関数の概念を捉える際に、通常ですと、表やグラフや、あとは、式を駆使して、関数の意味合いを捉えていくのですが、ICTを利用して、グラフ電卓とセンサーを使って、関数を理解しようという取り組みが、この内容です（図⑧）。センサーの前を生徒は行ったり来たりするんですが、それに伴って、時間と距離の関係がグラフに勝手に表示されていきます。

　例えば、こんな問いを生徒に投げかけるんですが（図⑨）、横軸が時間、そして縦軸が距離になっています。そして、生徒は試行錯誤して、センサーの前を行ったり来たりするんです。そうすると、気付くんですよね。センサーに近づけば近づくほど、距離が短くなりますので、

だんだんグラフは減少していく。そして、センサーから離れれば離れるほど、グラフは増加していくことを、子どもたちは、仕組みとして理解していくわけです。

　図⑨一番左のグラフの、時間の軸、x軸に平行な部分がありますが、ここをどうするんだということを試行錯誤していくわけですね。そうすると、生徒は気付くわけですよ。時間が変化していくに従って、距離は変化しない。そしたら、どういう動きをすればこのグラフがかけるのか。子どもたちは気付いて、止まっていればいいんだということを体現していくわけです。そして、真ん中のグラフ、この曲線に関しても、これは、動くスピードを徐々に上げていけばよいということを、実際、やりながら理解していくわけです。

　さらには、一番右側、これは非常に難解だと思います。止まっていればいいってことは最初のグラフから理解されると思うんですが、距離が違います。で、これをどのようにかくかということを試行錯誤していくわけなんですが、なかなかかけません。最終的に、生徒は1人じゃかけないということに気付くわけです。このグラフをかくためには3人必要で、センサーから近い人から、途中で、随時、横にずれていく。そういった動きをすることで、このグラフはかけるようになることに気付くわけです。

　このような学習をすることで、生徒は、特に、右側においては、関数の連続性とか不連続性の概念にも気付くことができますし、紙とペンだけではちょっと気付かないような、ICTを使う良さだとも思いますが、そのような概念にも気付くことができます。

　『法律の自分訳を作る』これは社会科、特に公民の学習なんですが（図⑩）。この授業においては、日本国憲法の解釈を、自分の言葉を用いて行うという、自分なりの憲法解説書を作るというコンセプトで行っています。どうしても、憲法を解説しようというと、難しい言葉で書かれている、その憲法の条文を、分かりやすい言葉に置き換えることが想起されますが、そうではないんですね。

特に本校の場合には、iPad を全生徒が持ってますので、インターネットで調べようと思えば、分かりやすい解釈なんてのは、いくつでも転がってるわけなんですよ。例えば、日本国憲法の中の基本的人権、法の下の平等についての条文を解釈する中で、社会的身分とか、門地とか、難しい言葉を解

法律の自分語訳を作る

日本国憲法の解釈を自分の言葉を用いて行う授業。自分なりの憲法解説書を作るというコンセプト。

法律の解釈は、現実の文脈と照らして始めて意味を持ってくるため、現実の問題などを取り上げて自分ごととした上で解釈を行う事が重要。

図⑩

ラジオ体操をより良くするために

ラジオ体操がより自分たちに適した体操になるためにどのような要素が必要かを議論し、実際にラジオ体操を改善してみる。

図⑪

釈して、そして自分なりに解説書を作るのでは、学びとしては足りないんですよね。大切なのは、法律の解釈というのは、現実の文脈と照らして初めて意味をもってくるということに気付くことです。そして、どのような問題と結び付けて、自分なりの憲法の解釈をしていくかということが、非常に重要となってきます。

　例えば、日本の中で言うと、最近ニュースによくなってる優生保護法だったり、われわれは北海道の学校ですから、アイヌのことだったり、ちょっと海外に目を向ければ、ロヒンギャ難民だったり、あとは、マララさんをトピックにすることもできると思います。そういった、現実の文脈と照らして解釈をすることで、より、その学びに広がりや深まりが生まれることになります。

　そして、4つ目は、体育の例ですね。これは、『ラジオ体操をよりよくするために』という授業です（図⑪）。体作り運動として、ラジオ体操に取り組むという授業なんですが、これ、よくある、いろんな学校で行われてる授業だと思います。ラジオ体操を、正確にきちんとこなしていくことも、もちろんやるんですが、そもそもラジオ体操というのは老若男女、どの年代でも性別を問わずに、みんなが健康維持のために取り組みやすい内容になっている、こういうものだと思うんです。ところが、それぞれの発達段階、特に中学生だったり高校生においては、その、必要な運動の強度や質が、目的によって変わってくると思うんです。では、より、自分たちが毎日取り組むものとして、自分たちに適したラジオ体操というのは一体どんなものなのかということを考えて、それを議論して、より自分たちに適したラジオ体操を考案していこうという取り組みを授業の中で行っています。

　このように、学びに広がりや深まりをもたせることを意図して、概念理解を重視していくわけです。

　よく、概念理解とは何ですか、概念とはなんですかと聞かれますが、私は、つなげる力と説明させていただいてるんですね。学校の学び、学んだ知識というのは現実の文脈、あるいは他の教科の知識とつなげることができる。そうして、学びというのは広まりや深まりをもっていくものだと思います。

　これまでの日本の学びの中で、もちろん、概念的理解が育まれなかったわけではありません。ただし、これは生徒が自動的に育んでいたといっても間違いないでしょう。大切なのは、概念理解を計画的に、体系的に育んでいくことだと思うんです。MYPの中では、そのような取り組みがしっかりと用意されていて、ここに示した、MYPの重要概念、キーコンセプトと呼ばれるものなんですが（図⑫）。これら16個のキーコンセプトを、先生方が、教える内容に沿って設定をし、例えば数学であれば、ある分野の中では論理というものキーコンセプトに設定して、論理というのはこういうものだということを概念的に学んでいく

ということがなされています。

IBの学習の中で、もう一つ大切なのは、「学習の方法（ATL）」です（図⑬）。学ぶ中では、非常にたくさんのスキルを、子どもたちは必要とします。もちろん、効率的な学びのために、それらが必要とされているのですが、IBの中では、これら5つのカテゴリーに分けられ

MYP重要概念

変化	論理	つながり	コミュニケーション
文化	美しさ	システム	時間、場所、空間
発展	創造性	ものの見方	アイデンティティ
形式	関係性	コミュニティー	グローバルな相互作用

図⑫

ATL（Approaches to learning）

カテゴリー	ATLスキル
コミュニケーション	コミュニケーションスキル
社会性	協働スキル
自己管理	整理整頓する力、情動スキル、振り返りスキル
リサーチ	情報リテラシースキル、メディアリテラシースキル
思考	批判的思考スキル、創造的思考スキル、転移スキル

図⑬

た、10個のATLスキルを特定して、学びの中でしっかりと育んでいくことが重要視されています。

どのように、スキルを学びの中で育んでいくか。スキルは独立して育まれるものではないんですね。学びながら、つまり、コンテンツとスキルを、両方、同時に育んでいくという考え方がふさわしいと思います。例えば、これは社会科の学習なんですが、批判的思考力を、ATLスキルとして特定し、それを育むために、次のような学習の仕掛けをしています（図⑭）。

戦争のプロパガンダをいくつか分析していく中で、戦争に国民を向かわせるために、さまざまなバイアスのかかったプロパガンダが、過去の歴史上、いろいろな国で出されたわけですが、それらを批判的な

目で見て、より平和な世界をつくるために、個人が貢献できることについて考えるという授業に取り組ませることで、批判的思考力を育んでいくことを実施しています。

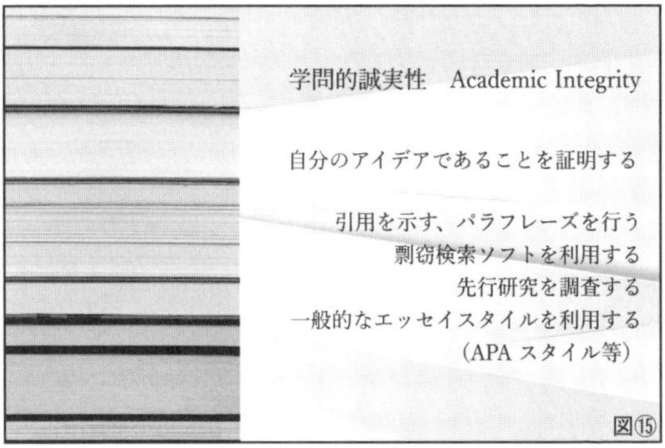

図⑭

また、学問的誠実性という（図⑮）、これはリテラシースキルの一部分と捉えることもできるんですが、IB の学習は、多面的な評価を要する性質をもち、ペーパーのテストだけではなくて、レポートだったり、あとはプレゼンテーションなど、さまざまな、成果物の形態、種類があります。

図⑮

そして、そのようなレポートや、プレゼンテーションという評価物に求められるのは、それが自分のただ一つのアイデア、世界中でたった一つのアイデアだということを証明することが、非常に大切な要素となります。その術を学ぶことが、実は学びの中では求められていて、ここに挙げたように、引用を示すとか、パラフレーズを行うとか、あとは、剽窃検索ソフトを利用したり、先行研究を調査したり、一般的なエッセースタイルを利用するなど、さまざまな、自分のオリジナリティを証明するスキルを学びながら身に付けていくことが求められま

す。

　生徒は、コンテンツについても振り返りを行いますが、自分がどんなスキルを、具体的な授業の中の行動として身に付けたかを、常に振り返

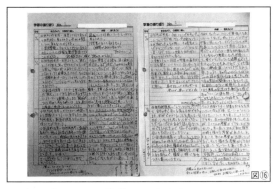

図⑯

り、それらが、自分の中にどのような状態ではぐくまれているのかということをモニタリングし、MYPの学びの中で、徐々にそれらをはぐくんでいます。丁寧な先生は、このようにコメントをたくさん書いて、生徒のサポートをしています（図⑯）。

　MYPの学びを通じて、はぐくまれる生徒についてですが、MYPの行動としての奉仕というコアの学習がありまして、MYPの中では、奉仕活動を、各学年に最低1回はやることが義務付けられています。これは学んだことを具体的な行動を通じて体現していくことが、本当の理解につながるといわれているためです。ですから、いろいろな社会的貢献活動を通して、実際に自分たちが学んだことを、世の中に役立て、本当の理解につなげているわけです。

　子どもたちは行動としての奉仕に取り組む際、自分たちで計画し、準備をして、それらを実行に移していくプロセスを踏みます。教師から言われるのは、年に1回の奉仕活動に取り組みなさいということだけです。それ以外は、もちろん求められれば助言はしますけれども、基本的に子どもたちが自分で考え、それを実際に行動に移していく形になっています。

　ある生徒は、このように、札幌市内の路上駐輪の問題に着目をして、路上の駐輪というのは一体どんな現状なのかということを自分なりに調べるわけです。さまざまなリソースを駆使して調べるわけです。そ

して、その問題を特定します。このスライドの左側に挙げたように、理由が三つ、通行の妨げ、費用、あとは景観が悪いというように、理由を特定した上で、自分たちができることは何なのかというような問題解決方法を自分のアイデアとして考えるわけです。ここに、これまでの学びが生かされています（図⑰⑱）。

図⑰

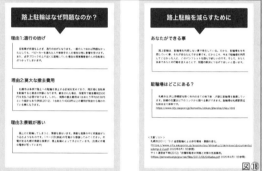

図⑱

　そして、この奉仕活動に取り組むことで、さらに学びは深まりますし、新たなスキル、もしくは新たな学習のコンテンツを獲得していくということにつながるわけです。IBの奉仕の特徴的なところは、奉仕というと実際に、自分が体を動かして行うことが想像されますけれども、アドボカシーといって、何か問題になってる状況を、より多くの人に啓発していく活動を行うことも、奉仕の一つの要素として捉えられています。ですから、現状を調査して、その学んだ内容を、このように啓発することで、この生徒は奉仕を体現しているわけです。

　別の事例になりますが、昨今、小学生も、学校の学びの中だけではなく、家庭でもさまざまなメディア、ICTのデバイスに触れる機会が多

くなってきています。もちろん、非常にメリットが大きいんですが、反面、さまざまなデメリットが出てきている現状もあると思います。この生徒は、そのデメリットに注目をして、小学生がICTのデバイスを使うのであれば、メディアリテラシーを、きちんと教えていくことが大事なんじゃないか、ということに注目をしています。そして、どんなことが、小学生に教えられるべきかということを特定して、それらを紙芝居形式にして、それらを小学生に教

図⑲

図⑳

図㉑

えていく教室を開くという取り組みをしました（図⑲⑳㉑）。

　実際に、このような形で児童を集めて、どんなことに気を付けて、

それら、ICT のデバイスに触れていかなければいけないかということを、子どもたちに丁寧に教えています。このように、大切なのは、生徒独自で計画して取り組んでるということなんですね。ここに教員の手はほとんど入っていません。最終的に目標としているのは、自分で学んで、自分で何が必要か、何が問題な

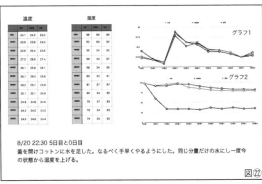

8/20 22:30 5日目と0日目
蓋を開けコットンに水を足した。なるべく手早くやるようにした。同じ分量だけの水にし一度今の状態から湿度を上げる。

図㉒

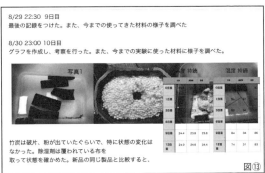

8/29 22:30 9日目
最後の記録をつけた。また、今までの使ってきた材料の様子を調べた

8/30 23:00 10日目
グラフを作成し、考察を行った。また、今までの実験に使った材料に様子を調べた。

竹炭は破片、粉が出ていたぐらいで、特に状態の変化はなかった。除湿剤は覆われている布を取って状態を確かめた。新品の同じ製品と比較すると、

図⑬

のかというの特定して、解決をしていけるというような、人間を育んでいくことです。まさに、MYP のプログラムは、そういった人間をはぐくむ要素が、取り組みとして散りばめられています。

　そして、最後になりますが、生徒は、Personal Project という、MYP の最終学年で行う、これが、MYP を中学校段階で終えるような学校に関しては、コミュニティプロジェクトという名前になるんですけれども、課題研究に取り組むことになります。これは、MYP の集大成と言われるものです。この Personal Project は、テーマ自由に選ぶことができます。ただし、学んだ科目、もしくはこれから学ぶであろう科目の知識とのつながりというものは、きちんと立証していかなければなりません。

　具体的にどんなことに取り組むのかといいますと、例えば、本校には、スペイン語ネイティブ教員も数人おりますので、そのお子さんたちにスペイン語訳をした日本昔話を自分たちで作った生徒がいます。また、ある生徒は、除湿グッズを、市販の物ではちょっと、うまく働かない状況が、家の部屋によってはそのような状況が生まれることに気付いたんですね。そして、それぞれの部屋や家に適した除湿グッズというのは、どうあるべきかということを追求しました。象徴的なことは、どの生徒もそうなんですけが、プロセスジャーナルといって、自分の行った研究活動、取り組みについて、逐一メモをして、最終的な振り返りに活用していきます（図㉒㉓）。

　この Personal Project は、決して研究の成功に視点を当てていません。研究が成功しようが失敗しようが、そこはほとんど評価の対象にならないんですね。何が評価の対象になるかというと、課題研究の一連のプロセスをしっかりと身に付けるということなんです。研究が成功しようが失敗しようが、その原因をしっかりと振り返り、特定して、次の発展につなげられるような振り返りができていれば、成績はよくなります。

　自分が、課題研究のプロセスを探っていく中で、うまくできたところと、うまくいかなかったところをきちんと自己分析をし、うまくできてないところは、どうしたらうまくいくのかということを考えて、次につなげていく振り返りができる。こういうことが、非常に重要な要素となっています。

　最後になりますが、これは、Personal Project の発表会の様子ですが、真ん中の子、絵を掲げてる子は、ほとんど、水彩画については経験がないんですが、この子は、さまざまな環境問題、SDGs のテーマに関わる環境問題、特に北海道ですので、捕鯨の問題に着目をして、その状況を水彩画で表しています。それを SNS 等使って、世の中に広めていく。つまり、水彩画のスキルを磨き、それを、作品として、世の中の啓発活動に役立てていく、そんな視点で課題研究を行った一例になり

ます（図㉔）。

図㉔

昨今、学校の学びが、どのような意味をもっていくのかということが、これから、議論されなければいけないと思っています。恐らく、20年後、30年後、今の子どもたちがこれから生きていく未来というのは、予測不可能な出来事がたくさん起こってくるのではないかと思います。それは、AIが急速に発展を遂げている社会だからこそ、起こり得ることなのかもしれません。

今年をとっても、コロナウイルス、これも予測不可能だったわけですし、あとは、気候変動に伴う天災なんかも最近増えてきています。学校の学びというのは、何も入試のためだけにあるわけではなく、子どもたちが将来、豊かに過ごしていけるような、そのためにあるべきだと思います。

［２］ＩＢ導入体験談：
AC：Newsletter［寄稿コラム］

◎探究は自分を知ること

［寄稿コラム］7.（PYP）Date：2020/12/01

聖ヨゼフ学園小学校 PYP コーディネーター　齋藤真実氏

（AirCampus ファシリテーター）

「あなたにとって探究とは何ですか？」という問いに小学4年生の児童が出した答えです。彼曰く、「自分を知らないと探究できない」らしいのです。

例えば、トピックを考える時、自分の興味関心と向き合います。例えば、課題を提出するとき、いつまでに何をしなくてはならないか、スケジュールを立てるために自分の実力と向き合います。お友達は3日でできる課題かもしれないけれど、自分はもっと時間が必要かもしれない。それを見極めるために自分と向き合います。

探究は常に自分と向き合っているのです。

彼は、こうも言っています。

「探究を通して自分を知ることができた」

自分の得意なこと、苦手なこと、どうすれば集中できるのか、どうすれば物事を理解できるのか、どうすれば自分の考えを周りの人に伝えることができるのか、自分の得意な表現方法は何なのか。全て探究を通して知ることができたと言います。

これこそ、PYP の学びだと思います。自分の学びに責任を持つ。生涯学習者となる第一歩です。

さて、「自分を知ること」を経験するのは、児童だけではありません。教員も同じく、探究を通して「自分を知ること」となります。

PYP の醍醐味の 1 つに「協働設計」があります。

探究のプログラム（カリキュラム）を作成したり、探究のユニットの指導案を作成したり、全て「協働設計」します。

今まで、授業の指導案は、指導者が一人で作成していたのではないかと思います。でも、探究はプランニングを担任だけではなく、児童に関わる全ての教員（専科教員）、或いは、児童も一緒にプランニングするのです。

そこで、教員もまた自分と向き合うことになります。

PYP は、6 つの教科融合テーマを探究します。6 つのテーマは、国際的な視野を持つために必要であるとされている学際的なテーマです。その分野は多岐に渡ります。

必ずしも担任の得意な分野とは限りません。担任は、否が応でも自分の得手不得手を知ることになります。また、プランニングは、自分の学びや経験を振り返る機会でもあります。なぜなら、探究をプランニングする上で、自身の学びや経験はエッセンスとなるからです。

プランニングをするとき、まず、この探究で児童に何を知って欲しいか、どんな力を伸ばして欲しいか、教員からのメッセージを考えます。その後、そのメッセージを伝えるストーリーを考えます。ストーリーのエッセンスとなるのが経験だと私は考えています。

「PYP の教員となる上で、必要なことは何ですか？」と聞かれたら、「自身の探究の経験です」と答えるくらい、探究において経験は重要なのです。

もし、このコラムを読んでくださっている方の中に教員を目指している方がいらっしゃったら、是非色々なことにチャレンジして欲しいです。成功も失敗も、様々な経験をして、そして、こだわりを持って学校に来て欲しいと思います。

「探究は自分を知ること」

探究は、自分を知る"旅"でもあるのです。

◎ IB・MYP への誤解をとく

［寄稿コラム］8.（MYP）Date：2020/12/15

昌平中学・高等学校　教頭・IB コーディネーター　前田紘平氏

（AirCampus ファシリテーター）

保護者の方々や IB 導入検討中の学校の先生から様々な問い合わせをいただきます。中には誤解されていると感じることもあります。

あくまで昌平中学・高等学校の事例ですが、その一部を紹介します。MYP が中心となりますが、一部 DP についても説明します。

【保護者から】

1）授業は英語で行うのですか？

MYP は言語に関するルールはありません。そのためインターナショナルスクールを除き、日本では日本語で授業を実施している学校が大半です。

2）IB を学ぶことで大学入試は不利にならないですか？

MYP の学びは、日本の学習指導要領に沿って行うことが可能です。そのため IB と大学入試に向けた学習を両立することが可能です。DP カリキュラムと学習指導要領は異なることに加え、DP は課題中心に進める探求型授業です。そのため、一般入試対策と両立させるのは生徒負担が大きく、現実的ではありません。大学受験は IB 入試、AO 入試（総合型選抜）、推薦入試（学校推薦型選抜）等で受験することを想定しています。ディスカッション、プレゼンテーション、レポート等の経験を積んだ DP 生はこれらの入試が他の生徒よりも有利になる可能性が高

いです。

3) DPと違い資格ではないMYPを学ぶ意味ありますか？

資格ではないので目に見える形でのメリットはありません。ただ、実際の生徒たちを見ていると思考力、自ら学ぶ姿勢がついていると感じることが多いです。また、生徒の多くが口にするのが「色々な人と意見交換をし、違った考えに触れて視野が広がった」ということです。MYPの学びは、学ぶための器を作るものであると考えています。

【導入検討中の学校から】

1) IB導入はどれくらい大変ですか？

IBの基準を守る必要がありますので、各項目に対してどのように対応するか考える必要はあります。一方で自由度もあり、それぞれの学校文化に合わせた運用が可能です。IB導入によって授業スタイルを変えることもありますが、これまですでに実践してきたことを体系的に整理するだけの場合もあります。導入にあたって苦労することもありますが、学校内での情報共有も進むため、プラスの側面も多くあります。何より生徒の成長を肌で感じることができます。

2) どれくらい費用がかかりますか？

費用に関しては最低限かかるのが候補校や認定校としての年会費、ワークショップ参加費です。それ以外は図書を揃えたり、ネットワーク環境・理科実習環境を揃えたりすることがありますが必ずしも膨大な費用がかかるというわけではなく、各学校で判断できることも多いです。

3) IB導入にあたって外部から教員を集めましたか？

多くの教科で導入の中心となったのは元々、本校に勤務していた教員です。新たな取り組みですから導入過程で苦労もありましたが、それによって教員として刺激を受けていった人、大きく成長した人もいます。MYP・DPを導入したことにより「IB校で教えたい」という方の教員採用試験応募もあります。

◎ディプロマプログラム（DP）と21世紀を生きる力

［寄稿コラム］6.（DP）Date：2020/12/01

東京都立国際高等学校DPコーディネーター　青木 一真氏

（AirCampusファシリテーター）

　このコンソーシアムへの寄稿を、私は11月8日に、アメリカ合衆国の歴史的な一幕をテレビで目撃した後に執筆しています。思い起こせば4年前の2016年11月、前回の歴史的な選挙の開票日に私は米国ボストンに、翌日から始まる国際バカロレアの教育シンポジウムに参加するためにいました。

　同シンポジウムでは大学関係者がDPを取得して米国やカナダ大学に入学した生徒が、IBを学ばなかった生徒と比較して大学1年目にどのようなパフォーマンスの違いを見せたのか、などIB教育のメリットが科学的なデータと共に紹介されました。しかしながら、直前の選挙結果を受けて、冒頭挨拶に立ったIB関係者は「IBの理念と教育が、これからの世界が進む方向と合っているのか、今はただ信じるのみ」と述べていたのが印象的でした。

　急速に拡大したグローバル化と、今年の新型コロナウィルスの世界的パンデミックは、21世紀という時代をさらに複雑な時代にしていった感があります。それぞれの個人が、国家が、それぞれ出して実行しているそれぞれの解答には、当然100％の正解も100％の間違いもないはずです。

　今回の寄稿では、私が、本校でDPを取得して海外大学で実際に学んでいる生徒がどのように、「IBの良さ」を実感しているか、ということを紹介することもできるのですが、むしろ、その先にある、DPの学びがなぜ、ますます不透明感を増す21世紀を生きる力の育成に役立つと考えているのかについて、私見を述べたいと思います。

1.21 世紀のリーダーシップとは

　数年前に読んだ本でとても感動した本があります。欧米のビジネスリーダー達が共同で立ち上げたリサーチで、Vielmeter と Sell が 2014 年にまとめた、Leadership 2030：The Six Megatrends You Need to Understand to Lead your Company into the Future（2030 年型リーダーシップ：あなたの会社を将来に導くために理解しておくべき 6 つのメガトレンド）という本です。グローバル化の進展、IT の新時代、気候変動、個人化と多極化など、次の世代が直面する様々な課題の分析の上に、同書は新たなリーダーシップを、前世紀の「α male leadership」（ボスリーダー型）から、「altrocentric leadership」（他者尊重リーダー型）へと転換していくことを提唱しています。同書はビジネス書なのですが、私には DP 教育が育成する人物像が、同書で提唱されている複雑さを増す世紀で活躍する人物像と重なることで、当時の私をとても勇気づけてくれました。その根拠を、DP の教育にプログラムされている、「批判的思考力」の育成と、「現実世界」への意識という 2 点から述べてみます。

2.DP における批判的思考力の育成

　つい最近のことですが、IB がオックスフォード大学の研究プロジェクトであった、「DP の批判的思考力の育成についての効果（The effect of the Diploma Programme（DP）on critical thinking development：An international multi-site evaluation）」を 11 月 3 日に公開しました。その研究の中では、とりわけ高等学校 3 年相当（Year 12）で IB 生の方が IB を学んでいない生徒よりも、様々な指標で高い批判的思考力を示す結果が出た、と述べられている。同研究では、その理由を IB 教員にインタビューした。例として、「異なる見解を含めて考える」ことが

DP では求められているから、という意見が紹介されていますが、私はこの点がプログラム化された DP の強さだと考えています。いかに教育プログラムの理念が素晴らしくても、それが最終的な「スコア」や進学実績に繋がらないと、なかなか実践に直結しないジレンマを、世界の教育者は感じることがあるでしょう。

　しかしながら、DP でスコアを出すためには、この異なる見解を含めないといけないのです。例えば、Extended Essay の採点項目 C である Critical thinking の項目を見ても、又は DP ヒストリーのペーパー 2 のルーブリックを見ても、問いに対して自分とは異なる見解も含めて解答することが高得点の条件として挙げられています。ゆえに、DP を教える者、学ぶ者にとっては、意見の相違や多様性は授業を豊かにする宝となります。IB が各教科のガイドの指導例でも紹介するように、時には教室外の意見を、IT を用いて取り入れたりするなどの工夫が行われ、学びの多様化が行われます。このことが IB 生に、異なる考えを排除するのではなく、傾聴して批判的に取り入れる態度を養わせることに繋がっているのでしょう。

3. 現実世界への意識

　DP の特色的な科目である TOK の内容に触れた方ならば、IB が現実世界の例を学びに取り入れる工夫をしていることをよく理解できるかと思います。現実世界の取り入れ方は、何も最新のニュース記事を教科の授業で取り上げるだけではありません。例えば、私はヒストリーの教員でもありますが、毎年の文化祭（今年は中止になってしまいましたが）の後の授業で生徒に「文化祭の思い出を 3 つ書いてごらん」と言って紙を渡します。全員から紙を回収した後、「3 枚を残して、思い出を記録した紙は失われました。これが歴史の史料です。残った史料をもとに今年の文化祭を再現してみましょう。」と言って限られた史料から歴史の再現を試みさせてみます。すると生徒たちは、実体験と

して歴史が明らかにすることと、その限界について知ることができます。この経験が DP ヒストリーの内部評価のセクション A、史料批判をするためのスキルとして生きてきます。

2021 年に最初の試験が実施される、新ガイドの「言語 A：文学」のガイドを見てみましょう。

そこでは IB は「bringing the outside world into schools（writers, cultural experts, other teachers, theatre performances, school partnerships, and so on）外の世界を学校に取り入れる（著者、文化的専門家、他教科の教員、劇場パフォーマンス、学校のパートナー　など）」と授業例を述べています。本校でも言語 A の指導者が生徒とプロジェクトを立ち上げ、学校の外でその言葉の持つイメージを道行く人にインタビューしてみたり、俳句と写真を組み合わせるプロジェクトを実施したりしているのを見てきました。TOK や CAS の指導教員も、ホームレスの方によるダンスパフォーマンスの団体や、若手映画監督を呼んでの映画ワークショップなどを行うなど、毎年様々な新しい試みをしては様々な現実世界を教室に取り入れる工夫をしています。様々な IB 校で試みられる、現実世界との連携が、IB 生に新しい気付きを与え、より開かれた心を育成する基礎をなしていると言えます。限られた紙面の中で、簡潔ではありますが、DP 教育を行う一関係者として、DP のカリキュラムがどのように、これからさらに複雑さを増す 21 世紀を生きる力の育成に繋がっているのかについて一私見を述べてきました。国内でこれから IB 教育の一層の発展が見込まれる中、一層 IB 教育のメリットについての議論がコンソーシアム内で盛り上がっていくことを期待しています。

BBT GLOBAL

株式会社ビジネス・ブレークスルー(BBT)運営

世界で活躍するための、

"グローバル・コミュニケーション力"を

身につける。

BBT GLOBAL は 100% オンラインで完結する 2 つの英語学習プログラムを提供します。
単なる英語習得で終わらない、世界を舞台にビジネスをするための「グローバルコミュニケーション力」が身につきます。なぜなら BBT GLOBAL は「正しい英語」のみをゴールとせず、「ビジネスで結果を出す」ことを軸とした教育を世の中に提供したい—その想いを柱に、BBT がビジネススクールのノウハウを最大限に活かして開発したプログラムだからです。
ぜひその違いを実際に「BBT オンライン英会話」、「実践ビジネス英語講座 PEGL[ペグル]」で体感ください。

BBT GLOBALの3つの特長

01 ビジネス・ブレークスルー (BBT)が開発・提供
20年以上のグローバル人材育成ノウハウを活かしたプログラム

BBT はグローバル環境で活躍できる人材の育成を目的として、1998 年に世界的経営コンサルタント大前研一により設立された経営指導・人材育成教育を行う企業です。BBT GLOBALはBBTのノウハウを活かしたグローバルコミュニケーション力を身につけるためのプログラムです。

02 受講環境は 100%オンライン

BBT GLOBALのプログラムは、オンラインで学びたい時に、学びたい場所で受講できます。
スマートフォンでの受講も可能です。

03 ビジネスパーソン26,000人以上に選ばれたプログラム

BBTオンライン英会話は2011年、実践ビジネス英語講座 PEGL[ペグル] は2008 年に開講以来、数多くのグローバルリーダーを輩出してきました。特に大手企業の部課長クラスに選ばれて、国内外問わず世界中で受講いただいています。

BBTオンライン英会話、実践ビジネス英語講座PEGL[ペグル]は株式会社ビジネス・ブレークスルーが提供するグローバルプログラムです。

スピーキングに特化して学びたい方

 BBTオンライン英会話

「話す」ということに焦点を絞り、アウトプットの学びを提供します。

BBTオンライン英会話(BBTO)は、ビジネスの一線で活躍できる英語力修得を目指した、効果にこだわる学習者のために設計されたプログラムです。多くの優れたビジネスパーソンを輩出しているビジネススクールにより開発されています。

BBTOはポイント制で、受講ペースとコースの組み合わせは自由自在

-ビジネスコース-

-マネジメントコース-

-ニューストピックスコース-

日常的なビジネスシーンで求められる英語を身につける

現場で必要な問題解決コミュニケーション能力を身につける

時事問題やビジネスの問題について意見を述べる

まずは無料体験でレベルチェックを | BBTO | **検索**

英語の4技能を体系的に学びたい方

 ビジネス・ブレークスルー大学 オープンカレッジ
実践ビジネス英語講座
Practical English for Global Leaders [PEGL]

「読む」「聞く」「書く」「話す」という英語の4技能のトレーニングやグローバルマインドを徹底的に鍛えます。

実践ビジネス英語講座PEGL[ペグル]は、映像講義・ディスカッション(課題提出)・英会話を組み合わせ、グローバルビジネスの現場で結果を出すための3つのスキル「ニュアンス・ロジック・グローバルマインド」を修得します。

英語力とビジネス力を同時に修得する「結果を出す」ための6つのコース

-初級コース-

-中級コース(協働編)-

-上級コース-

まずは苦手意識を克服したい

外国人を動かす協働スキルを磨き現場の即戦力になりたい

MBA基礎や交渉スキルなども体得したい

※上記以外に、中級コース(表現編)、マネジメント力トレーニングコース、リーダーシップ力トレーニングコースがございます。

動画説明会でコース詳細を | PEGL | **検索**

大前研一通信 特別保存版シリーズ

ビジネス・ブレークスルー出版

〒 102-0084 東京都千代田区二番町 3 番地　麹町スクエア 2F　TEL 03-5860-5535 FAX 03-3265-1381